hänssler

Elisabeth Elliot

Was willst Du mir zeigen?

Von der Führung Gottes

CIP-Titelaufnahme der Deutschen Bibliothek

Elliot, Elisabeth:
Was willst Du mir zeigen? : Von der Führung Gottes /
Elisabeth Elliot. [Übers. von Friedhilde Horn]. — Neuhausen-
Stuttgart : Hänssler, 1990
  (TELOS-Bücher ; Nr. 71605 : TELOS-Hardcover)
  Einheitssacht.: On asking God why and other reflections on trusting
  God in a twisted world <dt.>
  ISBN 3-7751-1535-8
NE: GT

TELOS-Hardcover
Bestell-Nr. 71.605
© 1989 by Elisabeth Elliot Gren
Published by the Fleming H. Revell Company, Old Tappan, New Jersey
Originaltitel: On Asking God Why and Other Reflections on Trusting God
in a Twisted World
Übersetzt von Friedhilde Horn
© Copyright der deutschen Ausgabe 1990 by Hänssler-Verlag, Neuhausen-Stuttgart
Titelbild: Hilla und Max Jacoby
Umschlaggestaltung: Daniel Dolmetsch
Printed in Austria

Inhalt

Vorwort 7

Was willst du mir zeigen in den Rätseln des Lebens?
Warum, o Gott? 11
Bilder der Hölle 17
Londoner Tagebuch 20
Das Lied der Tiere 28

Was willst du mir zeigen im Hinblick auf biblische Maßstäbe?
Ein Blick in den Spiegel 30
Richten oder nicht richten, das ist hier die Frage 34
Wie man sich selbst am besten verkauft 39
Der Traum von der großen Karriere 44
Ich kannte dich, ehe ich dich im Mutterleib bereitete 47
Als ich im Verborgenen gemacht wurde... 52

Was willst du mir sagen für mein Leben mit dir?
Eine Stadt mit Namen Nazareth 56
Allein mit Gott 60
Leben ohne Risiko 66
Der direkte Weg nach Hause 71
Hoffnung für einen Versager 76
Herzlichen Glückwunsch! 80

Was willst du mir sagen in Ehefragen?
Das Leben als Single ist eine Gabe 85
Probleme der Partnerfindung 90
Zärtlichkeit 97
Nicht wie ich will, sondern wie du willst 98

An einen Mann, der sich zur Scheidung entschloß 104
Der »unschuldige Teil« 109
Ist Scheidung der einzige Ausweg? 117

Was willst du mir sagen angesichts des Todes?
Wir gehen auf das Leben zu 126
Der letzte Abschied 128
Die Sicherheit der Christen 134
Ein Grab im Dschungel 141
Nimm den Besen in die Hand... 152
In der Gegenwart des Vaters 155
Ein eherner Himmel 159

Vorwort

Gott tut vieles, was wir nicht verstehen. Natürlich – denn er ist Gott und handelt in vollkommener Liebe, Weisheit und Vollmacht. Wir dagegen sind vor ihm nur Kinder und weit entfernt davon, in irgendeinem Bereich vollkommen zu sein. Der wahre, echte Glaube baut fest auf Gottes Wesen und auf sein Wort und hängt sich nicht an individuelle Vorstellungen von dem, was Gott tun müßte. Die Formulierung »er *müßte*« setzt eine Vorstellung von Gerechtigkeit voraus, die in unser Denkschema paßt. Wenn das Handeln Gottes nicht mit unserer Auffassung von Gerechtigkeit übereinstimmt, geraten wir in die Versuchung, nach dem Warum zu fragen, wenn wir nicht schon so weit gehen, ihn offen der Ungerechtigkeit anzuklagen.

Vor einigen tausend Jahren saß einer der treusten Diener Gottes, nachdem er praktisch alles verloren hatte, auf einem Aschenhaufen. Um ihn herum hockten seine trauernden Freunde, die aus Kummer ihre Kleider zerrissen hatten und sich Asche aufs Haupt streuten, um ihr Mitgefühl zum Ausdruck zu bringen. Sieben Tage und sieben Nächte blieben sie stumm angesichts des Leidens ihres Freundes Hiob. Dieser selbst war es schließlich, der das Schweigen brach – mit einem langen und wortreichen Fluch. Dabei stellte er die Frage, die Menschen seitdem immer wieder gestellt haben: »Warum, o Gott?«

> »Warum bin ich nicht gestorben bei meiner Geburt? Warum bin ich nicht umgekommen, als ich aus dem Mutterleib kam? Warum hat man mich auf den Schoß genommen? Warum bin ich an den Brüsten gesäugt? Warum gibt Gott das Licht dem Mühseligen und das Leben den betrübten Herzen..., dem Mann, dessen Weg verborgen ist, dem Gott den Pfad ringsum verzäunt hat?« (Hiob 3,11 – 12.20.23).

Jahrhunderte später fanden sich in den Psalmen ähnliche Aufschreie bitterster Klage und Qual:

> »Gott, warum verstößest du uns für immer und bist so zornig über die Schafe deiner Weide? (Ps 74,1)«.

Dieses Warum wäre absolut sinnlos, wenn man nicht an ein Wesen glaubte, das hinter allem Sichtbaren existiert. Die Frage nach dem Warum ist die Frage nach dem Sinn und sie setzt den Glauben an ein intelligentes Wesen voraus, das sinnvoll handelt. Irgend jemand muß verantwortlich sein für das, was geschieht. Nur weil wir an einen Gott glauben, richten wir Fragen an ihn. Und wir rechnen damit, daß er gerecht ist und daß er uns liebt. Doch dieser Glaube gerät in schwere Anfechtung, wenn wir uns mit Leiden und Nöten herumschlagen, wenn wir mit unserer Situation in seinem angeblich so geordneten Universum nicht fertig werden.

> »Woher weißt du, daß diese Sache ungerecht ist, solange du nicht weißt, was gerecht ist?« schrieb einst der Kirchenvater Augustin. »Weißt du es aus dir selbst, was gerecht ist, und kannst du dich selbst gerecht machen? Wenn du aber selbst ungerecht bist, dann kannst du nicht gerecht urteilen, außer wenn du dich einer sicheren, absoluten Gerechtigkeit zuwendest. Wenn du dich von ihr abwendest, bist du ungerecht, kommst du ihr näher, so wirst du gerecht. ...Deshalb schau zurück, steig auf zu der Höhe, geh zu der Stätte, an der Gott einst gesprochen hat. Und dort wirst du die Quelle der Gerechtigkeit finden, da, wo auch die Quelle des Lebens ist. Denn bei dir ist die Quelle des Lebens (Ps 36,10).«

Der Inhalt dieses Buches ist eine bunt gemischte Sammlung – von Essays, skizzenhaften Erzählungen, biblischen Stellungnahmen und anderen kurzen Beiträgen, die sich nur schwer ordnen lassen. Sie befassen sich mit ernsten Problemen und fragen nach dem, was Gott uns in den Dingen sagen möchte, die uns begegnen – in den Rätseln des Lebens, in der Frage nach biblischen Maßstäben, im Leben mit Gott, in Ehefragen und in den Fragen angesichts des Todes. Alle Beiträge außer einem entstammen meiner Feder; der Schreiber des letzten Aufsatzes ist mein Bruder, dem ich sehr viel verdanke. Lange Zeit war er für mich nur »der Kleine«, und in den ersten zehn Jahren seines Lebens lernte er von mir alles, was ich selbst wußte. Dann wechselten wir die Rollen. Seither lerne ich von ihm.

Das erwähnte zweite Kapitel dieses Buches schrieb er in der Zeit, als mein zweiter Mann, Addison Leitch, im Sterben lag. Ich glaube, mein Bruder und ich haben die gleiche Vision: Wir versuchen immer, die Dinge des Lebens im Licht »einer ewigen, absoluten Gerechtigkeit zu sehen«.

Es ist mein Wunsch, daß diese Berichte, Aussagen und Erfahrungen einigen Menschen helfen werden, »auf den Berg zu steigen und an den Ort zu gelangen, an dem Gott einst sprach« und dort die Quelle des Lebens zu finden.

Was willst du mir zeigen in den Rätseln des Lebens?

Warum, o Gott?

Zu den Dingen, die ich nicht mehr so gut kann wie früher, gehört das Durchschlafen in der Nacht. In gewisser Weise freue ich mich sogar darüber. Es ist ein angenehmes Gefühl, in den ersten Stunden des neuen Tages aufzuwachen, festzustellen, daß man im Bett liegt und noch nicht aufzustehen braucht. Man kann die Gedanken und Empfindungen einfach schweifen lassen.

So erging es mir gestern nacht zwischen zwei und drei Uhr. Ich lag in einem kleinen Haus an der herben, klippengesäumten Küste von Massachusetts und lauschte auf die Geräusche, die durch die Nacht zu mir drangen. Der Wind pfiff und lärmte, wirbelte ums Haus herum und zerrte daran. Im Wohnraum ertönte ein leises Glockenspiel: Die Uhr hatte die Viertelstundenmarke berührt. Ich konnte das leise Klicken hören, als der elektrische Impuls ein- und wieder aussetzte. Manchmal vernahm ich das Knacken der Kälte in den Wänden, das laute Rumoren des Ölbrenners unterhalb unseres Schlafzimmers und neben mir ein beruhigendes Rasseln – mein schlafender Mann. Noch tiefer unten ließ sich der tiefe, dröhnende Rhythmus der Brandung hören, in den sich aus der Ferne die Klänge von »Mother Ann's Cow« mischten. So nennt man die Heulboje, die die Einfahrt zum Hafen von Gloucester bewacht.

Ich dachte – wie so oft – über die Rätsel des Lebens nach. Ein englisches Magazin hatte neulich ein Interview mit mir gebracht. Es war gerade mit der Post ins Haus gekommen. Natürlich las ich es sofort – nicht, um mich zu erinnern, was ich letzten Frühling in Swanwick gesagt hatte, sondern um zu sehen, was der Reporter daraus gemacht hatte. Er hatte mich nach einigen bedeutsamen Ereignissen meines Lebens gefragt, und ich hatte ihm geantwortet, daß ich gerade durch diese Dinge hatte lernen müssen, mich mit den ungelösten Lebensrätseln abzufinden. Der Mann hatte mich korrekt zitiert, das wußte ich. Doch als ich so im Bett lag und noch einmal darüber nachdachte, wurde mir klar, daß man sich niemals endgültig mit ungelösten Lebensrätseln abfindet – jedenfalls nicht in diesem Leben. Wir stellen immer wieder die gleichen unbeantwortbaren Fragen und wundern uns, wenn es dazu keine Erklärungen gibt. Wir zweifeln an Gott. Wir machen uns Sorgen um alles, obwohl uns ganz eindeutig gesagt ist, daß wir das nicht nötig haben. Statt uns aufzuregen, sollten wir beten und Gott danken, daß er die Fürsorge übernehmen will.

Nun, dachte ich, das werde ich ausprobieren. Ich betete für verschiedene Anliegen, für die ich eigentlich nicht danken konnte. Trotzdem dankte ich nun mitten in jedem dieser Gebete, weil ich trotz allem sicher war (das Stürmen des Windes und das Rauschen des Ozeans erinnerten mich erneut daran), daß unter allem Geschehen die ewigen Arme Gottes ausgebreitet waren, bereit, mich und meine Anliegen aufzufangen.

Mein Gebet galt folgenden vier Problemen:
1. Ein Mensch, den ich liebte, war schwer erkrankt.
2. Etwas, das ich mir wünschte, wurde mir versagt.
3. Eine Sache, an der ich hart gearbeitet hatte, war schiefgegangen.
4. Etwas, mir sehr Wertvolles, ging verloren.

Drei von diesen Anliegen kann ich konkret beschreiben:
Erstens: Ich erhielt einen Brief von einer langjährigen Freundin. Sie schrieb von einer Krebsoperation, die sie über sich ergehen lassen mußte, und von deren Folgen. Es war eine Wunde geblieben, die wochenlang jeden Tag ausgeschabt und gereinigt werden mußte:

> »Die Schmerzen waren so schlimm, daß Diana, Jim, Monica und ich ständig beten mußten, während sie die Wunde reinigte. Und das geschah drei- bis viermal am Tag. Monica wischte mir die Tränen vom Gesicht. Ja, Jesus steht direkt neben mir, wenn die Schmerzen mir den Atem nehmen und meine Zehen sich verkrampfen bei meinem Bemühen, nicht laut herauszuschreien. Doch habe ich nie gefragt: Warum, o Herr? Erst jetzt kann ich in der rechten Weise für Menschen beten, die an Krebs erkrankt sind. Erst jetzt weiß ich, wie sehr unser Körper dabei leidet, und wie beglückend die geringste Erleichterung empfunden wird, und sei es auch nur für einen Augenblick.«

Das dritte Anliegen bezieht sich auf ein Manuskript, an dem ich jahrelang gearbeitet habe. Ich fürchte, daß es immer noch nicht reif ist für eine Veröffentlichung. Und ich sehe auch keine Möglichkeit, es noch einmal zu überarbeiten, um das zu erreichen. Es scheint, als sei die Arbeit dieser Jahre umsonst gewesen. Ob wirklich alles vergeblich war? Was soll ich tun angesichts dieses Versagens?

Das vierte Anliegen ist mein Neues Testament in der Übersetzung von J.B. Phillips. Es wurde mir 1960 geschenkt, als ich noch im Dschungel lebte. Neunzehn Jahre hindurch hatte ich Notizen darin gemacht, und nun habe ich es vor einigen Wochen in einem Flugzeug zwischen Dallas und Atlanta liegengelassen. Ich las gerade darin, als die Stewardeß das Frühstück brachte. Um sie nicht warten zu lassen, legte ich das Testament auf meinen Schoß und breitete die Serviette darüber. Wahrscheinlich rutschte das Buch seitlich heraus und fiel zu Boden. (Natürlich war das unvorsichtig von mir, aber auf dem gleichen Flug passierte meinem Mann etwas genauso Dummes. Er ließ seine Aktentasche draußen vor dem Flughafengebäude auf dem Bürgersteig stehen. Wir beteten darum, sie wieder zu bekommen, und unser Gebet wurde sozusagen umgehend erhört. Jemand hatte die Aktentasche aufgehoben und am Schalter unserer Fluggesellschaft abgegeben. Innerhalb von ein paar Stunden hatten wir sie wieder in Händen).

Ohne mein Phillips-Testament bin ich recht hilflos und komme mir vor wie ein verlorenes Kind. Ich fühle mich innerlich gelähmt. Mir ist zumute, als ob ein großes Stück meiner »geistlichen Geschichte« ausgelöscht worden wäre. Es war das einzige Testament, in dem ich so richtig zu Hause war. Ich wußte, auf welcher Seite was stand und benutzte diese Ausgabe ständig. Wenn ich Vorträge hielt, fand ich die benötigten Stellen, auf die ich mich gerade bezog, sofort. Was soll ich nun anfangen?

Ich tat das Naheliegendste: beten. Beten sollte immer der erste Schritt für uns sein – die an Gott gerichtete Bitte, daß er tut, was wir nicht vermögen. Der zweite Schritt ist dann, daß ich mich anstrenge und alles unternehme, was mir selbst möglich ist. Ich betete natürlich für meine Freundin, und dann setzte ich mich hin und schrieb ihr einen Brief. Sonst fällt mir nichts mehr ein, was ich jetzt für sie tun könnte.

Mein Mann und ich beteten um das verlorene Testament (und viele meiner Freunde taten es ebenfalls). Wir gingen zu den entsprechenden Stellen der Fluggesellschaft und meldeten die Sache. Man versicherte uns, daß alles getan würde, mein Eigentum wieder ans Tageslicht zu befördern. Doch die Suche blieb ergebnislos. Das Testament fand sich nicht.

Wir beteten auch um das unbrauchbare Manuskript und erbaten uns redaktionellen Rat. Es sieht aber so aus, als ob nichts mehr aus einer Veröffentlichung würde. Ich bete weiterhin wiederholt, ernstlich und umfassend für all die oben angeführten Anliegen. Und noch eins: Ich versuche herauszufinden, was Gott mir mit diesen Ereignissen und Umständen sagen will, und das bedeutet, daß ich die Frage nach dem Warum stelle.

Es gibt Leute, die haben die feste Überzeugung, daß man Gott keine Fragen stellen darf. Für sie ist ein Warum böse und unangemessen. Ich denke, das hängt aber davon ab, ob ich aufrichtig und in einer Haltung des Glaubens frage, oder ob Unglaube und Auflehnung mich zu einer provozierenden Frage verleiten. Der Psalmist richtete oft Fragen an Gott, und Hiob tat es auch. Gott beantwortete diese Fragen oft nicht, aber er antwortete dem Menschen, der sich an ihn wandte. Er begegnete ihm – auch in der Rätselhaftigkeit seines Wesens.

Doch Gott hat uns nicht völlig im Dunkeln gelassen. Wir kennen eine ganze Menge mehr von seinen Plänen und Absichten als der arme, alte Hiob, und der vertraute ihm dennoch. Gott ist ja nicht nur der »Allmächtige«, wie Hiob ihn meist nannte, sondern er ist auch unser Vater. Was ein Vater tut, wird von seinem Kind durchaus nicht immer verstanden. Wenn der Vater das Kind aber liebt, dann vertraut das Kind ihm auch. Der Vater will das Allerbeste für sein Kind. Das ist eine sehr simple Feststellung. Und doch muß ich sie mir immer wieder ins Bewußtsein rufen, wenn ich z.B. an meine leidende Freundin denke oder an mein verlorenes Buch, das mir so unentbehrlich ist, oder an mein unbrauchbares Manuskript.

Die drei Anliegen gehören nicht alle zur gleichen Kategorie. Das dritte und vierte haben etwas mit meiner eigenen Nachlässigkeit und meinem Versagen zu tun. Doch in allen drei Fällen werde ich daran erinnert, daß Gott immer noch mein Vater ist, daß er einen Plan mit mir hat, und daß nichts, absolut nichts nutzlos ist auf dem Weg zu seinem Ziel, wenn ich ihm nur vertraue und bereit bin, von ihm zu lernen.

»Denn jene (unsre leiblichen Väter) haben uns gezüchtigt für wenige Tage nach ihrem Gutdünken, dieser aber (Gott) tut es zu unserm Besten, damit wir an seiner Heiligkeit Anteil erlangen« (Hebr 12,10).

Das ist ein wichtiger Anhaltspunkt für die Erklärung, die wir immer suchen. Gottes Absicht mit uns ist, daß wir heilig werden – wir sollen seine eigene Heiligkeit teilen –, und der einzige Weg dorthin heißt Disziplin.

Disziplin ist oft mit Einschränkung und Verlust verbunden, mit dem Loslassen von Dingen oder Umständen, die wir schätzen. Warum? Weil Gott uns vollkommen heilig haben will. Das heißt, er will, daß wir vollkommene Freude haben sollen. Aber, so argumentieren wir, warum sollten Einschränkungen eine Voraussetzung für Freude sein? Die Antwort darauf ist in dem großen Geheimnis zu finden, das aller Schöpfung zugrunde liegt: dem Prinzip des »Lebens aus dem Tod«, das ein für allemal beispielhaft in der Fleischwerdung, im Sterben und in der Auferstehung des Sohnes Gottes sichtbar geworden ist. (»der um der vor ihm liegenden Freude willen... das Kreuz erduldete...«) Hebr 12,2 (Elberfelder). Das radikale Herabsteigen Christi von seiner Höhe, sein Loslassen – seine Geburt als hilfloses Kind und sein Tod als Verbrecher am Kreuz – bewirkten unsere Erlösung.

Daraus folgt: Wenn wir sein Schicksal, seine Bestimmung teilen wollen, dann müssen wir auch an seinem Tod Anteil haben. Das bedeutet für uns Sünder die Bereitschaft, ihm nicht nur uns selbst zu Füßen zu legen, sondern ihm alles hinzugeben, was zu unserem Leben dazugehört, einschließlich der kleinsten, alltäglichsten Dinge. Dabei mag es sowohl um einschneidende Belastungen und Schwierigkeiten als auch um unbegreifliche Erfahrungen gehen. Aber gerade das Schwere, das, was uns irritiert und uns demütigt, können wir »opfern« – Herabsetzungen jeder Art –, so daß wir durch die Gnade Gottes seine Lektionen lernen und damit seinen liebenden Absichten, die er für uns hegt, ein wenig näher kommen. Auf diese Weise werden wir in geistlichem Sinn wachsen.

Irgendwie ist das Prinzip von Beherrschung, Verzicht und Einschränkung leicht zu verstehen, wenn es um Selbstdisziplin geht. Für jemand, der sich ein schwieriges und wertvolles Ziel gesteckt hat, ist es völlig klar, daß er sich tausend unwichtige Dinge – und auch vielleicht noch ein paar hundert wichtige Dinge versagen muß, um das eine zu erlangen, was allein für ihn zählt. Z.B. sagte Bischof Stephen Neill einmal, daß schriftstellerische Tätigkeit fast ausschließlich eine Sache der Selbstdisziplin sei. »Du mußt dich zum Schreiben zwingen.« Ich weiß es aus Erfahrung. Da heißt es: Setz dich hin! Bring dich selbst zur Ruhe! Leg' deiner Begeisterung Zügel an! Kontrolliere deine träumenden Gedanken und Faseleien! Denke! (Joshua Reynolds schreibt: »Es gibt nichts, zu dem ein Mann nicht seine Zuflucht nähme, wenn er damit die echte Arbeit des Denkens vermeiden kann.«) Einschränkungen müssen sein. Dann bring die Dinge zu Papier – sorgfältig! Dann (und das ist der Teil der Arbeit, gegen den ich mich am meisten sträube) schreibe das Ganze nochmal neu! Straffe die Aussagen! Streiche Stellen, an denen du stundenlang gearbeitet hast! Wirf sie in den Papierkorb! –

Ich lag im Bett, schwelgte in Wohlbehagen und dachte über geistliche Verworrenheiten nach. Ich verstand nicht, warum Gott die verlorene Aktentasche von Lars wieder hatte auftauchen lassen und mein Neues Testament nicht. Ich konnte den Sinn des Leidens meiner Freundin nicht ergründen und auch nicht den Sinn der verlorenen Zeit, die ich auf mein Manuskript verwendet hatte, das nicht veröffentlicht werden kann. Aber Gott durchschaut diese Rätsel. Sie haben etwas mit jenem großen Grundsatz zu tun, nach dem ein Verlust schließlich zu Gewinn führt, oder nach dem Erniedrigungen der einzige Weg sind, auf dem wir am Ende erhöht werden können, das heißt, in das Bild Christi gestaltet werden.

»Wer hat das Meer mit Toren verschlossen, als es herausbrach wie aus dem Mutterschoß?« (Hiob 38,8).

Die Worte aus dem Dialog Gottes mit Hiob kamen mir in den Sinn, als ich dort im Bett lag und dem Rhythmus der Brandung lauschte. »Bist du zu den Quellen des Meeres gekommen und auf dem Grund der Tiefe gewandelt?« (Hiob 38,16).

Nein Herr, aber du hast das getan. Nichts in diesen dunklen Höhlen ist für dich rätselvoll. Und das gilt auch für alle Umstände in meinem Leben oder in dem meiner Freundin. Ich vertraue dir in all den unergründlichen Dingen.

Aber du weißt auch, daß ich wiederkommen werde – mit den üblichen Fragen.

Bilder der Hölle

Bei einer Übernachtung in North-Dakota waren mein Mann und ich nicht gerade auf ein so schockierendes Fernsehprogramm gefaßt. Wir befanden uns in einem Motel – nicht in einem, wo besondere Sendungen für die Gäste angeboten wurden, sondern wo das ganz gewöhnliche Programm lief. Wir erfuhren, daß dieses Programm, das uns so aus der Fassung gebracht hatte, hier im ganzen Land vierundzwanzig Stunden am Tag gezeigt wird. Es handelt sich um Rock-Musik – ein kreischendes, donnerndes, schlagendes, schreiendes, ohrenbetäubendes Trommelfeuer, das uns durch Mark und Bein ging. Produziert wurde dieser Krach von Gruppen mit Namen wie »Cheap Tricks« (billige Tricks), »Boomtown Rats« (Boomstadt-Ratten), »Sex Pistols« (Sex-Pistolen), »Missing Persons« (die Verschollenen), »The Destroyers« (die Zerstörer) und »The Clash« (der Krach). Über den unteren Teil des Bildschirms lief von Zeit zu Zeit eine begleitende Textzeile, die Aufschluß gab über die Namen der Solisten, den Titel der Musikstücke und die ausführende Gruppe. Zu den Titeln gehörten z.B. »Screaming for Vengeance« (der Schrei nach Rache), »Bad Boy having a Party« (Schlimmer Junge gibt eine Party), »Children of the Grave« (Kinder des Grabes), »Escalator of Life« (Rolltreppe des Lebens) – »I'm shopping the human mall« (Ich kaufe in der menschlichen Einkaufsstraße) lautete eine Zeile daraus – »Combat Rock« (Kampf-Rock), »Man-eater« (Menschenfresser) und »Paranoid« (Wahnsinn). »Songs« wurden diese Darbietungen genannt – Lieder. Ich hatte bis dahin die Vorstellung gehabt, daß Singen etwas ist, das das Herz anrühren soll. Wie mag es in dem Herzen aussehen, das von Titeln wie den genannten angesprochen wird? Was auf dem Bildschirm vor sich ging, war zumindest deprimierend. Die schauspielerische Darstellung zur Musik geschah durch Kinder. Sie waren stark geschminkt und taten was sie konnten, um möglichst aufgeklärt, blasiert und gelangweilt aufzutreten (wie Erwachsene ihnen wohl vorkommen mochten). Doch es war nicht zu verkennen, daß die meisten von ihnen noch Teenager waren, sehr junge Teenager. Sie drückten sich um Bars herum, schlenderten durch glänzend erleuchtete Großstadtstraßen, spielten mit eleganten Weingläsern in supervornehmen Restaurants, rauchten mit langen, dünnen, glänzenden Zigarettenhaltern. Mit stumpfen Blicken starrten sie in die Kamera, schauten mit zusammengezogenen Augenbrauen nach oben, oder durch falsche Wimpern nach unten. Sie krümmten sich in horizontalen Positionen. Mädchen stolzierten den Jungen davon und warfen über eine hochgezogene Schulter den grausamen, auffordernden Blick eines Vamp zurück. Jungen stelzten mit vorgeschobenen Becken auf Mädchen zu, schwer atmend durch halbgeöffnete Lippen, plump, finster, schwankend.

Die Kamera wanderte nun wieder zu den Rock-Gruppen, die sich schreiend und schwitzend unter den farbigen Lichtreflexen bewegten, teils in Blue Jeans, teils in etwas gekleidet, das man nur als Lumpen bezeichnen konnte, teils in hautengen Anzügen mit Ziermützen behängt, teils in Unterhemden oder auch in einzelnen Fällen nahezu nackt. Die strähnigen Haare hatten die einen grün, die anderen mit Gold-Bronze, wieder andere im »Punk Rock«-Look gefärbt, manche abrasiert, manche steif frisiert. Sie schmetterten, hämmerten und schlugen auf die Trommeln ein. Sie krümmten sich gequält über ihren Gitarren, wanden sich, mühten sich stampfend und springend. Ihre Gesichter waren vor Haß oder Schmerz verzerrt, manchmal höhnisch, unverschämt, herausfordernd. Dann wanderte die Kamera wieder zurück zu den dahinschlitternden Kindern, die versuchten, »sich selbst auszudrücken« oder die »Songs« darzustellen, die von jedem, der ein Mikrofon hatte, mit voller Lautstärke herausgeschrien wurden. (Wie halten ihre Stimmbänder das nur aus?)

Und dann – ach, die Gesichter dieser Kinder! Ich starrte gebannt auf den Bildschirm, entgeistert, entsetzt. Was mir da begegnete, war eine schreckliche Faszination, die jeder Realität fern blieb. Wie waren sie nur dazu programmiert worden, aus ihren frischen, jungen Gesichtern jede Spur ihrer Persönlichkeit auszulöschen, jeden kleinsten Hauch von Menschlichkeit?

Mit weit offenen Augen starrten sie ins Leere, geistlos, kalt, wie leblos. Es wirkte wie eine fremdartige und surrealistische Alternative zu den verkrampften Verrenkungen und Verzerrungen, dem ekelerregenden Gehabe der »Musiker«.

Das war nun ein Einblick in die Rock-Szene gewesen! Bilder der Hölle!, war alles, was ich noch denken konnte. Die Hölle ist der Ort, wo diejenigen, deren Motto heißt: »Mein Wille geschehe!« endgültig und für immer bekommen, was sie gewollt haben. Hölle ist Kampf und Leere und Qual und die Abwesenheit all dessen, wozu die Menschheit ursprünglich bestimmt war. Die Herrlichkeit ist endgültig verschwunden. Es gibt die Hitze des Feuers (nicht die Flammen der Leidenschaft – die sind bis dahin längst ausgebrannt) und gleichzeitig die entsetzliche Starre ewigen Eises – ein immerwährendes Brennen und ein unaufhörliches Frieren.

Die kleine Zeitschrift »The Church Around the World« (Tyndale House) zitierte eine Studie der Columbia Universität, aus der hervorgeht, warum wir solche Programme im Fernsehen haben:
50% von denen, die in den Medien das Sagen haben, haben keine religiöse Bindung mehr
8% besuchen einmal in der Woche einen Gottesdienst (Kirche oder Synagoge)
86% besuchen selten oder niemals einen Gottesdienst
84% sind der Ansicht, es sollte keine staatlichen Gesetze auf dem Gebiet der Sexualität geben
55% sind der Ansicht, daß außereheliche Beziehungen nichts Unmoralisches sind
95% halten Homosexualität für in Ordnung
85% sind der Meinung, daß Homosexuelle die Erlaubnis erhalten sollten, in öffentlichen Schulen zu unterrichten.

Ich plane eine Kampagne zur Abschaffung der Rock-Musik. Sie spiegelt einfach die Kräfte wider, die unsere Gesellschaft beeinflussen.

> »Wes das Herz voll ist, des geht der Mund über. Ein guter Mensch bringt Gutes hervor aus dem guten Schatz seines Herzens; und ein böser Mensch bringt Böses hervor aus seinem bösen Schatz. Aus deinen Worten wirst du gerechtfertigt werden, und aus deinen Worten wirst du verdammt werden.« (Mt 12,34 – 37).

Von Lärm, Getöse und Mißklängen (das sind ja alles Dämonen!), lieber Herr, erlöse uns. Gib uns die Kraft, die aus der Ruhe kommt. Schenk uns deine Freundlichkeit, deinen Frieden. Und noch etwas, Herr – leg du ein neues Lied in unseren Mund, zu loben unsern Gott!

Londoner Tagebuch

Gründonnerstag
　　Abflug von Boston 20.30 Uhr. Riesige Maschine, jeder Platz besetzt – wenigstens ein Drittel mit Kindern, die, wie es scheint, in Ferien gehen. (Wenn sie schon in der neunten Klasse in den Osterferien nach England fliegen, wohin wollen sie dann, wenn sie in der zehnten sind?)
　　Ich sitze in Reihe 27 neben einer Frau, die mit den beiden Damen in der Reihe vor uns zusammengehört. Ein Steward bleibt im Gang neben mir stehen: »Entschuldigen Sie, meine Damen, reisen Sie zusammen?« fragt er mich. »Nein.« Er studiert eine Liste, die er in der Hand hält. »Wissen Sie, ich brauche diese Plätze.« Vorfreude steigt in mir auf. Schon einmal in meinem Leben habe ich diesen Satz gehört und wurde dann in die erste Klasse befördert. »Ich werde gerne wechseln«, sage ich ihm. Meine Nachbarin erklärt, daß sie zu den beiden Damen vor uns gehört. »Müssen Sie unbedingt zusammen reisen?« fragt der Steward nun, indem er immer noch seinen Sitzplan studiert. »Ja.« Lange Pause. »Gut, dann muß ich eben Sie drei umsetzen.« In gehobener Stimmung erheben sie sich und wechseln in die erste Klasse. Ich bleibe enttäuscht in der Touristenklasse zurück.
　　Abendessen wird um 23.00 Uhr serviert. Ich schlummere ein, als das Kino beginnt. Kurz nach Mitternacht amerikanischer Standardzeit färbt sich der Himmel bereits orangerot. Um ein Uhr kommt das Frühstück und um zwei Uhr landen wir in England auf dem Flughafen Heathrow.

Karfreitag
　　Ich schiebe mich durch die Passage mit der Aufschrift: »Nichts zu verzollen«. Aus der Masse löst sich Marian, eine frühere Missionarskollegin aus Ekuador. Lachend läuft sie auf mich zu. Ein Freund ist

dabei – mit Auto (eine Zeitlang können wir den Wagen nicht wiederfinden, weil er vergessen hat, auf welchem Deck er geparkt hat). Er fährt uns dann zu Marians Wohnung, stoppt dabei in Kew Gardens. »Nach Kew müssen Sie kommen, wenn der Flieder blüht... (von London ist es gar nicht weit.)« Doch noch ist es zu früh für Flieder. Tulpen und Osterglocken gibt es in Massen. Herrlich frisch ist alles, das neue Grün des Frühlings auf den Rasenflächen. Knospende Bäume. Fahrräder, Kinderwagen, Spaziergänger überall. Menschen sitzen auf Parkbänken und genießen die Sonne. Scheußlicher Lärm einer Boeing 747 über unseren Köpfen, unmittelbar im Landeanflug auf den Flughafen Heathrow. (Es ist schön, als Fluggast darin zu sitzen, aber jetzt stehe ich darunter und ärgere mich über den Lärm.)

Marians Wohnung in East Dulwich ist sehr klein. Sie gehört zu einer Anlage von Reihenhäusern, von denen England Millionen hat. Jedes Haus hat zwei Stockwerke, zwei Schornsteine, vier Schornsteinkappen. Erkerfenster auf jeder Etage, Putz in leuchtenden Farben (gelbgrün, stahlblau, lavendelfarben bevorzugt). Gärten zwei Quadratmeter groß, zur Straße hin mit Hecke und / oder Mauer und Tor. Kleine Autos parken in den Straßen. Die Wohnung besteht aus »Wohndiele«, Einzelschlafzimmer, Bad und winziger Küche: winziger Herd, winziger Kühlschrank, winzige Spüle. Einer englischen Hausfrau würde garantiert jeder Gegenstand meiner Kücheneinrichtung riesig vorkommen – unnötig, übermäßig groß. In der Diele befinden sich sieben Stühle, drei kleine Tischchen, zwei Leuchter, zwei ekuadorianische Gemälde, zwei Holzschnitzereien; und dreizehn Osterkarten sind an der Innenseite der Tür befestigt.

Die Zeitverschiebung macht sich bemerkbar. Mittagsschläfchen. Marian tritt mir ihr Schlafzimmer ab, schläft in der Diele auf dem Fußboden. Als ich wach werde, ertönt Bachs Matthäus-Passion aus dem Fernsehen, gesungen in der Lincoln-Kathedrale. Anschließend Stainers »Kreuzigung«.

Ostersamstag

Mit rotem Doppeldecker-Bus zur Tottenham Court-Road, Vortrag über die »Elgin'schen Marmorskulpturen« im Britischen Museum. Wir schauen uns die Marmorkunstwerke an – den Fries vom Parthenon, den Lord Elgin einst, um ihn zu erhalten, von der Akropolis nach England brachte. Erhaben wirken die Figuren, ungeheuer lebendig.

192 Männer auf Pferderücken. Männer auf Pferden bedeuten in der griechischen Bildhauerkunst immer Helden. Herodot, so erklärt uns der Vortragende, habe berichtet, daß in der Schlacht von Marathon 192 Männer getötet worden seien.

Rosetta Stone. Mumie aus 3000 v. Chr., Körper in embryonaler Position, die Haare noch gut erhalten. Bücherei geschlossen. E.M. Forsters Briefe aus seiner Kinderzeit ausgestellt.

»Osternacht« in All Saints, in der Margarethenstraße. Totale Dunkelheit. Feuer im Hof angezündet, Kerzen in den Händen aller Gottesdienstbesucher, Musik, Liturgie, dann wieder Finsternis. Plötzlich aufstrahlendes Licht und Orgelmusik, viele Glocken läuten. *Er ist auferstanden!*

Ostersonntag

Westminster-Abbey, gegründet von Edward dem Confessor im Jahr 1065, ursprünglich ein Benediktinerkloster mit einem Chorraum, in dem die Mönche ihre Gottesdienste sangen. Wir sitzen im Chor, in der Nähe der Sängerknaben. Ihre Musik und ihre Disziplin sind nahezu vollkommen. Sie singen eine Hymne in mittelalterlichem Latein auf eine deutsche Melodie aus dem siebzehnten Jahrhundert: »Ein lichterfunkelnder Morgen schmückt das Firmament; der Himmel donnert heraus seinen Siegesruf: Halleluja!« Ein schwarzhäutiger Mann, der mir gegenüber sitzt, singt jedes Wort aus dem Gedächtnis mit. Sein Gesicht strahlt dabei.

Die Gebete: »Dir geben wir Preis und Dank von ganzem Herzen... für all deine unaussprechliche Liebe, in der du deinen einzigen Sohn, unsern Heiland Jesus Christus gabst... Er war das vollkommene und ausreichende Opfer für die Sünden der ganzen Welt...« Seit neunhundert Jahren trafen sich Sünder an diesem Platz – Könige, Königinnen, Mönche, Schneider, Kerzenmacher, Touristen. Von ihnen allen stiegen Gebete und Loblieder durch diese Bogengänge und Fensternischen auf. Einer kannte den anderen nicht – aber Gott kannte sie alle und liebte sie uneingeschränkt. Dann Wesleys Lied: »Leer das Grab, vergeblich die Wache, das Siegel. Christ hat das Tor der Hölle gesprengt!« Predigt vom Dekan der Abbey: »Der Glanz von Ostern wurde geboren aus der Verlassenheit des Kreuzes.«

Gräber, Sarkophage, Erinnerungstafeln – »Zur Erinnerung an die Menschen, die im Sudan dienten«, »In Erinnerung an sechsundzwanzig Mönche, die 1342 an der Pest starben«. David Livingstone, »der von treuen Händen über Land und Meer hierher gebracht wurde.« Tafeln erinnern an einen Installateur und einen Musiker, die der Abtei dienten. Glocken läuten von Kirchtürmen, Big Ben ertönt, als wir hinausgehen.

Viktoria Embankment Gardens. Osterglocken, Osterglocken und nochmals Osterglocken. Amseln singen. Sonnenschein. Die Statue von William Tyndale, 1484 – 1536. Er betete, bevor er als Märtyrer starb: »Herr, öffne dem König von England die Augen.« Ein Jahr später, so lautet die Inschrift, wurde auf Befehl des Königs in jeder Kirche eine Bibel ausgelegt. Ganz London – ganz Europa und Indien – scheint auf der Uferpromenade unterwegs zu sein. Sonntagsblätter, Schlangen, die auf Vergnügungsdampfer warten, Eis am Stiel, gezückte Kameras. An St. Paul's Cathedral eine Notiz: »Bitte nehmen Sie Ihr Eis nicht mit in die Kathedrale.« Wir gehorchen.

Montag
Waltham Abbey, gegründet von König Harold im Jahr 1066. Waltham-Cross, errichtet an einer der Stellen, wo König Edward halt machte, als er die Leiche seiner Königin Eleanor vom Norden nach London brachte. Teestunde bei Marians Freundin Gaby in ihrem alten Landhaus. Heiße Biskuittörtchen und Kuchen. Gabys Neffe Mark, drei Jahre alt, fragt in gepflegtem Englisch: »Darf ich dir den Rasenmäher zeigen?« Zum Gartenhaus. »Das ist der Rotationsmäher. Er verteilt das Gras über die ganze Fläche. Und das ist der Balkenmäher.« Irgend jemand hat Mark erzählt, daß ich einen Enkel habe, der Walter heißt. »Hat sein Vati auch einen Rotationsmäher?« fragt er.

Dienstag
Ich halte einen Vortrag in der Packham Gospel Hall. Tee und Gebäck vorneweg. (»Das Leben aus der Gnade braucht Zeit«, sagte meine Schwägerin einmal.) Alte Damen in randlosen, kissenartigen Hüten und Wintermänteln. Eine von ihnen sieht ein Foto meiner Tochter Valerie. »Sie sieht aus wie ein echter Schatz!« Viele Leute aus Westindien im Publikum. Eine Dame flüstert mir hinterher zu: »Sie sind die erste Frau, der mein Mann jemals zugehört hat!«

Mittwoch
Ich halte einen Vortrag in St. Patricks Church, Wallington. Der Kanonikus nimmt mich zum Essen mit nach Hause: Schinken, Kartoffelpürree, Bratkartoffeln, Erbsen, Bohnen und Trifle, die englische Nachtischspezialität aus Kuchen, Früchten, Gelee und Sahne. Die Dame des Hauses sagt bei Tisch: »Aber die Amerikaner haben natürlich viele Hausangestellte!« In meiner Ansprache in der Kirche erwähne ich Edith Cherrys Lied »Wir ruhen in dir, unser Schild, unser Schutz« und erzähle dann, wie fünf Missionare in Ekuador das gesungen hatten, bevor sie von den Speeren der Aucas tödlich getroffen wurden. Unser Glaube muß solche Führungen einschließen, wie es der Glaube Johannes des Täufers tat, der seinen Kopf verlor, und wie es der Glaube des Stephanus tat, der zu Tode gesteinigt wurde. Ein Mann sagt mir hinterher: »Dieses Lied werde ich niemals mehr so singen wie bisher.« Menschen, die ein Autogramm wollen, warten höflich in der Schlange – wieder ein Unterschied zu Amerika.

Donnerstag
Taxi, Bus, Zug nach Edenbridge. Ich frage den Taxifahrer, ob er sich eine Frau als Premierministerin vorstellen kann. Er sagt: »Oh, ich habe schon eine Frau über mir – und eine gute, wie ich meine, da will ich mich nicht beklagen – aber ich wünsche mir nicht noch eine!« Der Busfahrer sagt: »So ist's recht, ihr Püppchen, steigt ein!« Der Gepäckträger: »Kommen Sie weiter, meine Liebe!« Im Wartesaal gibt es am Buffet: Schweinepastete, Steak-und-Nieren-Pastete, Wurstbrötchen, Schokoladenplätzchen, Kaffee, Tee, Bouillon, Mineralwasser, keine »Heißen Würstchen«, Milch-Mixgetränke, Pommes frites! Vom Zug aus sehen wir kleine Häuschen, kleine Gärten, kleine Autos, kleine Menschen, kleine Geschäfte. Englische Ökonomie. Kein Wunder. Es ist eine kleine Insel. Kein Wunder auch, daß ihnen die Amerikaner derb und extravagant vorkommen. In einem Garten sehen wir Spalierobst – eine wunderbare Art, Platz zu sparen und zu nutzen.

Freitag
Mit dem Bus vom Bahnhof Marylebone nach Derbyshire, wo ich auf einer Konferenz der südamerikanischen Missionsgesellschaft sprechen soll. Frauen mit Regenschirmen, Einkaufstaschen (ich vermute, alle englischen Frauen haben Einkaufstaschen), Thermosflaschen, But-

terbroten, glücklich miteinander schwatzend. Männer mit Aktentaschen, Wollpullovern unterm Jackett, eifrig über Missionsstrategien diskutierend. Eine Australierin auf der anderen Seite des Ganges ist die einzige Dame mit Make-up. Draußen englische Landschaft – Hekken, grüne Weiden, Narzissen (sie scheinen hier wild zu wachsen), Saatkrähennester in kahlen Bäumen. Jemand läßt einen roten Drachen mit blauem Schwanz fliegen. Saubere weiße Lämmer mit schwarzen Gesichtern und schwarzen Beinen springen um friedfertige, vom Wetter gezeichnete herum. »Kleines Lamm, Gott segne dich!«

Lastwagen, die die Zahl der PKWs auf der Autobahn übertreffen, tragen große Aufschriften: »Bird's Vanillepudding«, »Umzüge und Transporte«, »Walker's Kartoffelchips«, »King's Autoreifen«.

Swanwick, ein einstmals hübsches Landhaus, das in ein Konferenzzentrum umgewandelt wurde. Mein Zimmer ist mit bunten Tapeten tapeziert: gelbe, grüne, orange Blumen, 45 cm im Durchmesser. Der Teppich rot und schwarz gemustert. Braune Tagesdecke. Vorhänge braun und purpurfarben. Im Flur grün und dunkelrot gestreifte Tapeten, rot und blau gestreifter Teppichboden, türkisfarbenes Holzwerk, lavendelblaue Türen. Draußen begegnet einem überall ein lieblicher Anblick: Gartenanlagen im englischen Stil, Weiden mit Kühen darauf, ein Teich, sich dehnende Wiesen, Amseln und natürlich Osterglocken.

Samstag
Gottesdienst am Morgen. Ein lateinamerikanischer Evangelist, ein Bischof von Chile und ein ehemaliger Missionar aus Ekuador teilen sich den Gottesdienst. Nachmittags: Fahrt nach Matlock, wo wir »Cream Tea« bestellen – Tee und süße Brötchen, die mit steif geschlagener Sahne und Erdbeermarmelade gegessen werden.

Sonntag
Erzbischof Donald Coggan hält eine kurze und bewegende Predigt über Johannes 20: »Er kam... trat mitten unter sie... spricht zu ihnen... zeigte ihnen... blies sie an. So kommt er auch zu uns, wenn wir uns vor dem Ungewissen fürchten...« Beim Mittagessen spricht ein Major mit mir über die Möglichkeiten, Witwen in ihrer Lage zu helfen. Ein junger Mann berichtet davon, wie sein eigenes Leben durch das Zeugnis von Jim Elliot verändert wurde – er wurde Missionar in Südamerika. Ein Baptistenpastor, der auch an der Konferenz teilgenommen hat,

fährt mich nach London. Den Rest des Tages verbringe ich bei einer Freundin in ihrer eleganten Wohnung in Kensington. Fünf Meter hohe Räume, wundervolle Stuckarbeiten und Friese, antike Möbel, die ganze Zusammenstellung von meiner Freundin Leonie selbst entworfen.

Montag
   Einkauf in Harrod's Supermarkt. Ich kaufe kleine, ledergebundene Bücher, Beatrix-Potter-Tischsets für Freunde. In der Lebensmittelabteilung Hunderte von Wurstsorten, Schinken, Käse – alles hängt von hohen Decken herunter. Große Scheiben von geräuchertem Lachs. Dosen mit Ochsenmaulsalat. In der Gartenmöbelabteilung echtes Obst auf den Tischen, ein lebender Limonenbaum mit Früchten. Wo ist so etwas möglich außer in England, wo sonst außer in Harrod's Supermarkt? Mittagessen bei Simpson – Roastbeef und Yorkshire-Pudding. Abschied von Marian und Gaby am Flughafen. Gaby sagt mir noch, daß Mark während der letzten Woche jeden, der ihm begegnet ist, darüber informiert hat, daß »Waltahs Vater« einen »Sichelmäher« hat.
   Abflug von London um 17.00 Uhr. Draußen ist es noch hell. Ankunft in USA um 18.30 Uhr nach amerikanischer Standardzeit, nach sieben Stunden Flug.

Zu Hause überfliege ich meine Notizen noch einmal. Nur Reiseeindrücke. Ein paar Streiflichter von vielen Dingen, die sich in einer unwahrscheinlich kurzen Zeit abgespielt hatten. Die Entfernung läßt sich gefühlsmäßig kaum nachvollziehen, weil sie von der hohen Geschwindigkeit fast aufgesogen wird – an einem Abend rast man in die Dämmerung hinein und rast so schnell auf den Sonnenuntergang zu, daß die Sonne gar keine Zeit zum Untergehen hat, sondern sieben Stunden lang unbeweglich am Horizont schwebt.
   Merkwürdig – gewisse Erlebnisse am Rande habe ich nicht in meinem Tagebuch festgehalten. Da hatte es auf dem Bürgersteig unter Marians Fenster eine Schlägerei gegeben, als wir gerade beim Tee saßen. Zwei Frauen warfen sich Obszönitäten an den Kopf, von denen ich einige noch nie gehört hatte. Sie schlugen sich ins Gesicht, rissen einander an den Haaren und wälzten sich schließlich auf der Straße herum. Die Verzweiflung ihres sinnlosen Lebens zerrte an meiner Phantasie.
   Dann kommt mir die große, traurig aussehende Dame im Westmin-

ster Abbey wieder in den Sinn. Sie trug einen komischen purpurfarbenen Hut mit Bändern, hatte zwei lange graue Zöpfe, einen lose flatternden purpurfarbenen Seidenschal, einen langen purpurfarbenen Rock und auch Schuhe in der gleichen Farbe. Sie stand da und starrte auf irgend etwas hoch über ihr.

Und schließlich war da ein Taxifahrer gewesen, der uns nach der durchwachten Osternacht nicht nach Hause fahren wollte. »Trotzdem vielen Dank«, rief Marian ihm zu, »ich wünsche Ihnen ein frohes Osterfest!«

»Oh, meine Liebe, daraus wird bei mir nichts«, antwortete er. »Wir haben gerade erfahren, daß meine Frau Krebs hat.«

»Die alte Schlange, Sünd und Tod,
die Höll, all Jammer, Angst und Not
hat überwunden Jesus Christ,
der heut vom Tod erstanden ist.
Halleluja.

Sein Raub der Tod muß geben her,
das Leben siegt' und ward ihm Herr,
zerstöret ist nun all sein Macht.
Christ hat das Leben wiederbracht.
Halleluja.«
       Nikolaus Hermann 1560

Das Lied der Tiere

Die Seemöwen, die täglich an unserem Haus vorbeifliegen, haben eine Route, die sie immer einhalten: Morgens fliegen sie nach Osten zu einem hervorstehenden Felsen, abends nach Westen zu einer bestimmten Insel. Die sinkende Sonne färbt dabei ihr Federkleid leuchtend rosa. Manchmal, wenn der Wind stark bläst, reißt er sie in die Höhe, und sie fliegen über unser Haus weg, aber sie setzen sich niemals näher als auf den meerumspülten Felsen. Eines Tages war ich sehr überrascht, eine einzelne Möwe auf dem flachen Vorsprung unseres Mansardendaches zu erblicken. Sie saß ein wenig merkwürdig da, und ihre Kopfform befremdete mich auch. Ich ging zum Fenster und erkannte, daß sich bei der Möwe der Plastikring von einer Sechserflaschenpackung im Schnabel verklemmt hatte und dann auch um ihren Hals gerutscht war. Die Möwe saß sehr ruhig da, ein wenig gekrümmt, wobei sie mit dem Kopf suchend auf und ab nickte. Sie war in dem Ring zweifellos gefangen und konnte nicht einmal mehr den Schnabel schließen. Ob sie wohl riskiert hatte, sich auf unserm Vordach niederzulassen, weil sie um Hilfe bitten wollte? Langsam öffnete ich die Tür und ging vorsichtig auf sie zu. Ihre wild glänzenden Augen folgten mir ohne zu blinzeln, aber sie machte nicht die geringste Bewegung. Doch als ich sie fast schon ergreifen konnte, flog sie auf und davon.

Gefangen in einer der komplizierten »Segnungen« unserer Zivilisation, mit denen Seemöwen einfach nicht zurechtkommen können, war sie nun wohl zum Hungertod verurteilt.

Diese anderthalb Minuten, die die Möwe auf unserem Vordach gesessen hatte, ließen aufs neue den Gedanken an die »Erlösung der Schöpfung« in mir aufsteigen.

»Erlösung? Aber Tiere haben doch keine Seele!« so mögen manche einwenden. Haben sie es wirklich nicht? Meine Bibel erzählt mir von einer großen Hoffnung, die sich nicht nur auf Engel und Menschen bezieht, sondern auf »alles im Himmel und auf Erden« (Kol 1,20). Sie sagt mir, daß alles zur Einheit in Christus geführt werden soll (Eph 1,10). Was kann dies anderes bedeuten, als daß in irgendeiner uns heute noch nicht vorstellbaren Weise diese leidende Seemöwe zusammen mit allen gefederten, pelzigen, schuppigen und gepanzerten Kreaturen erlöst wird? »Denn das ängstliche Harren der Kreatur wartet darauf, daß die Kinder Gottes offenbar werden, denn auch die Schöpfung wird frei werden von der Knechtschaft der Vergänglichkeit...« (Röm 8,19.21).

Ob nicht eines Tages unsere Ohren »das Lied der Tiere« hören? Ich glaube daran. Und ich mache meine Hoffnung an der Vision des Johannes fest: »Und jedes Geschöpf, das im Himmel und auf Erden und unter der Erde und auf dem Meer und alles, was darin ist, hörte ich sagen: Dem, der auf dem Thron sitzt, und dem Lamm sei Lob und Ehre und Preis und Gewalt von Ewigkeit zu Ewigkeit« (Offb 5,13).

Was willst du mir zeigen im Hinblick auf biblische Maßstäbe?

Ein Blick in den Spiegel

Den meisten Menschen macht es Spaß, sich irgendwo in einem spiegelnden Schaufenster oder einer großen Glasscheibe zu sehen (vorausgesetzt, daß das aus einer gewissen Entfernung geschieht oder das Licht nicht so besonders hell ist). Und es ist immer aufs neue amüsant festzustellen, wie die Leute dabei ihren Ausdruck und ihre Haltung verändern und zu verbessern suchen, wenn auch vielleicht nur ganz geringfügig. Wir alle möchten die Erscheinung, die uns da in der Scheibe reflektiert wird, dem Bild angleichen, das wir selbst von uns haben. Wir sehen den Widerspruch und versuchen schnell, das Bild zu korrigieren.

Wenn wir ein Foto sehen, tritt der Kontrast noch stärker hervor. Manchmal können wir den Anblick, der sich uns da bietet, kaum ertragen. »Sehe ich wirklich sooo alt aus?« (wie das Foto es grausamerweise zeigt). Das Erkennen unseres Aussehens läßt uns zurückschreken. Oder wenn wir uns auf einer Kassette hören: »Sag mir bloß nicht, daß das meine Stimme ist!« Für mich selbst ist es eine schrecklich unangenehme Sache, in der Umkleidekabine eines Kaufhauses im grellen Licht vor einem dreiteiligen Spiegel zu stehen. »Diese Lichter, diese Spiegel – ganz sicher verzerren sie!«, so tröste ich mich.

Dagegen habe ich in Lateinamerika Indianer gesehen, die sich vor Lachen bogen, als sie sich zum ersten Mal auf einer Kinoleinwand erblickten. Sie waren nie so entrüstet, wie »zivilisierte« Menschen es oft sind. Vielleicht liegt es daran, daß ein Indianer sich keine Mühe gibt, etwas darzustellen, was er nicht ist.

Was steckt nur dahinter, daß wir eine bestimmte Pose einnehmen, zurückschrecken oder lachen? Es muß wohl der Mangel an Übereinstimmung sein zwischen dem, wofür wir uns halten, und dem, was wir wirklich sind.

Die Maßstäbe der Menschen sind unterschiedlich, das ist klar. Gewöhnlich setzen wir sie bei unwichtigen Dingen ungerechtfertigt hoch und verschaffen uns selbst damit ein Leben ständiger Unzufriedenheit. In Dingen, die von Bedeutung sind, setzen wir sie dagegen oft zu tief an und sind schnell mit uns selbst zufrieden. (Meine Tochter kam einmal in der siebten Klasse nach Hause und schwenkte freudig erregt ihr Zeugnis: »Wegen zwei Dreien habe ich keine Ehrenurkunde bekommen, sonst hätte es geklappt!«) Häufig urteilen wir nach Maßstäben, die für die Frage, um die es geht, gar nicht angemessen sind. Man muß zuerst wissen, wozu eine Sache dienen soll, bevor man sie beurteilen kann. Nehmen wir einen Büchsenöffner – wie kann ich wissen, ob er etwas taugt, solange ich nicht weiß, wozu er da ist?

Oder wenn es um die Kirche geht: Wozu ist sie da? Vor kurzem veranstaltete die Gemeinde, zu der ich gehöre, eine Reihe von Kaffeekränzchen, um herauszufinden, was die Gemeindeglieder von ihrer Kirche hielten – was sie ihrer Ansicht nach tat, was sie nicht tat und was sie tun sollte. Die Ergebnisse der Umfrage wurden uns mit der Post zugeschickt. Achtzig Gemeindeglieder nahmen an diesen Kaffeekränzchen teil und gaben zusammen einhundertundfünf Vorschläge und Empfehlungen ab. Diese offenbarten eine beträchtliche Verwirrung im Hinblick auf Bedeutung und Aufgaben der Kirche: »Sie sollte Hockey- und Basketball-Teams aufstellen.« »Die Predigten sind zu stark an der Bibel orientiert.« »Es sollten keine Platzanweiser mehr an der Kirchentür stehen, die doch nur höfliche Verbeugungen machen und dabei nach unbekannten Gesichtern Ausschau halten.« »Der Parkplatz hinter der Kirche ist total verdreckt.« »Es sollte einmal eine Überprüfung der geistlichen Zielsetzungen stattfinden.« Ich war heilfroh, daß es noch ein paar ähnliche Aussagen wie diese letzte gab. Die ganze Bandbreite unseres Versagens als Gemeinde kam zur Sprache (in den Sumpf unserer persönlichen Sünden stiegen wir nicht hinab). Als ich die Anliegen durchlas, dachte ich: Wenn es uns gelänge, diese einhundertundfünf Anliegen zu beantworten, bzw. Dinge in Ordnung zu bringen – was hätten wir dann erreicht? Nun, ich vermute, schon einiges. Aber wir wären bestimmt keine vollkommene Gemeinde. Das noch lange nicht. Wenn wir nach unseren armseligen Maßstäben (von denen einige ganz offensichtlich auf eine andere Ebene gehören als die der Kirche) schon über hundert wunde Punkte herausgefunden haben, wie viele mögen dann für Gott sichtbar sein, für den »Finsternis wie das Licht« ist?

Es gibt auch Zeiten, wo wir der Wahrheit mit einer gewissen Erleichterung begegnen. Ein Mann ging eines Tages an einer Kirche vorbei und hielt an, um das gemeinsame Murmeln zu verstehen, das er darin hörte. Schließlich trat er in die Kirche ein und vernahm die Worte: »Wir haben gesündigt und gingen in die Irre wie verlorene Schafe. Wir folgten dem Rat und den Wünschen unseres Herzens. Wir haben gegen deine heiligen Gesetze verstoßen.«

»Hmmm«, dachte der Mann, »das hört sich an, als ob sie meinesgleichen wären.«

»Wir haben Dinge unterlassen, die wir hätten tun sollen, und haben Dinge getan, die wir besser nicht getan hätten.«

»Das ist die richtige Kirche für mich«, entschied der Mann. (Ich glaube kaum, daß ein Basketball-Team oder ein asphaltierter Parkplatz ihn davon überzeugt hätten.)

»Stell' einen Kummerkasten für Beschwerden auf, und du wirst mit Klagen überschwemmt«, pflegt mein Mann zu sagen. Es spricht manches dafür, daß man seine Beschwerden laut werden läßt, und es spricht auch eine Menge dafür, daß man sie für sich behält. Doch eines scheint mir jedenfalls gut zu sein – daß wir hin und wieder von unseren Sünden und unserem Versagen überwältigt werden.

Wir haben es nötig, daß wir uns ab und zu in Ruhe hinsetzen und geistlich Inventur machen. Wir brauchen Spiegel und Kaffeekränzchen und Kummerkästen. Unsere erste Reaktion darauf kann Verzweiflung sein. Die zweite sieht möglicherweise dann so aus: »Was glaubt dieser oder jener denn, wer er ist, daß er die Gemeinde kritisieren will, wo er doch selbst nie da ist?« Und plötzlich finden wir uns am Ausgangspunkt unserer Überlegungen wieder: Wir setzen unsere eigenen Maßstäbe, urteilen unangemessen und verkehrt, entschuldigen uns selbst, verdammen eine Institution, weil sie nicht das ist, was sie niemals sein sollte und so weiter...

Da gibt es die Passionszeit. Sie sollte eine Zeit des Innehaltens und der Besinnung sein. Das ganze Jahr über haben wir immer aufs neue die Chance, uns in einem normalen Abendmahlsgottesdienst mit dem Leiden und Sterben unseres Herrn Jesus Christus zu beschäftigen. In diesen sechs Wochen der Passionszeit werden wir nun aufgefordert, uns ihrer Bedeutung bewußt zu werden, unsere Schuld zu bereuen, uns gewissen geistlichen Übungen zu unterziehen, damit wir den Sinn der Auferstehung besser verstehen.

Wir sind in der Tat »elende Sünder«. Wir haben aktiv gesündigt und durch Unterlassungen gesündigt. Wir sind unvernünftig und schwach und blind und eigensinnig und haben wenig Glauben. Wir laufen hierhin und dorthin, wir bilden Komitees und besuchen Versammlungen und greifen die Kirche an: ihre Organisation und ihre Isolation, ihren nutzlosen Routinebetrieb und ihre Weltfremdheit und Wirkungslosigkeit. Doch trotz allem steht sie da, hält das Kreuz empor, erzählt uns von der Vergebung, daß wir nicht uns selbst überlassen sind, daß es einerlei ist, welches erschreckende Bild wir schließlich von uns selbst im Licht der Wahrheit Gottes gewinnen, weil Gott selbst einen Ausweg geschaffen hat.

»Er ist um unsrer Missetat willen verwundet und um unsrer Sünde willen zerschlagen« (Jes 53,5). Für die Dinge, über die wir gerade diskutiert haben. Für die Dinge, die uns seufzen und stöhnen und fragen lassen: »Was nützt das alles?«.

Und darum macht mich die Passionszeit froh, weil sie eine immer neue Erinnerung an den ist, der uns zur Vergebung und Erneuerung ruft.

Richten oder nicht richten, das ist hier die Frage

»Jeder ist immer sofort bereit, über andere zu urteilen. Und du bist ganz genauso!« klagte eine Frau. »Weil du also mein Richter sein willst, kannst du nicht mehr meine Freundin sein.«

Monatelang hatte Lisa das Verhalten von Hanna beobachtet, das ihr sehr unrecht vorkam. Sie hatte darüber gebetet, ohne ein Wort über die Angelegenheit zu verlieren. Als sie zuletzt den Eindruck hatte, nicht länger schweigen zu können, versuchte sie mit ihrer guten Freundin im Geist des Wortes Galater 6,1 – 2 zu reden:

> »Liebe Brüder (und Schwestern), wenn ein Mensch etwa von einer Verfehlung ereilt wird, so helft ihm wieder zurecht mit sanftmütigem Geist, ihr, die ihr geistlich seid; und sieh auf dich selbst, daß du nicht auch versucht werdest. Einer trage des andern Last, so werdet ihr das Gesetz Christi erfüllen.«

Hanna reagierte verletzt, verärgert und bitter. Lisa war ihrer Ansicht nach im Unrecht, sie spielte sich als Richter auf. Das Recht war Hannas Meinung nach auf ihrer Seite, denn weder Lisa noch sonst jemand kannte »die ganze Geschichte«.

Es scheint heute oft, als ob der einzige Vers der Bibel, den alle Leute schon einmal gehört haben, Matthäus 7,1 wäre: »Richtet nicht.« Und da hört dann gewöhnlich die Diskussion auch schon auf. Es wird ganz selbstverständlich angenommen, daß negatives Richten in der Bibel untersagt ist. Daß aber positives Richten, nämlich das Beurteilen einer Sache, genauso unter das Verbot fallen würde, entgeht der Aufmerksamkeit derer, die betonen, daß »Richten« Sünde ist.

An einem noch sternenklaren, sehr frühen Morgen saß ich vor Anbruch der Dämmerung am Fenster und blickte auf das ruhige Meer hinaus. Ich dachte über die Geschichte von Hanna und Lisa nach und fragte mich, was das Richten und Urteilen für Christen eigentlich bedeutet. Mein Gedankengang war folgender: Wenn jemand recht handelt und auch so beurteilt wird, entsteht kein Ärger und keine Verletzung. Vielleicht freut sich der Betreffende darüber (darf man das nicht?), aber wenn er demütig ist, wird er nicht stolz sein.

Wenn einer, der stolz ist, unrecht tut, auch so beurteilt wird, wird er sowohl ärgerlich als auch verletzt reagieren.

Wenn einem, der stolz ist, aber recht tut, unrechtes Handeln nachgesagt wird, wird er ebenfalls ärgerlich und verletzt sein.

Wenn man aber einem wirklich demütigen Menschen, der unrecht tut, das sagt, dann wird er nicht verstimmt sein, sondern dankbar und demütig und ohne Rücksicht darauf, was es ihn kostet, das Urteil annehmen und sein Tun bereuen.

Ist jemand aufrichtig demütig und man sagt ihm Böses nach, wird ihm dieses Urteil keine schlaflosen Nächte bereiten. Es ist die Ehre seines Vaters im Himmel, um die es ihm geht, nicht um seine eigene. Er wird die tiefe Freude am Herrn darüber nicht verlieren, weil er zum einen weiß, daß später großer Lohn auf ihn wartet und zum anderen, daß er auf diese Weise am Leiden Christi Anteil hat, »der nicht wiederschmähte, als er geschmäht wurde, nicht drohte, als er litt, sondern er stellte es dem anheim, der gerecht richtet.« (1. Petr 2,23).

Hanna war beleidigt, daß ihre enge Freundin sich ein Urteil über sie erlaubte, und deswegen konnte sie nach Hannas Empfinden nicht mehr ihre Freundin sein. Sie übersah, daß jemand, der ihr so nahestand wie Lisa, tatsächlich die erste sein sollte, die sich kritisch ihr gegenüber äußerte, weil sie Hanna liebte und vermutlich als erste erkennen konnte, daß sie der Kritik bedurfte. Hanna dagegen war sicher, daß Lisa, wenn sie die Sache so von allen Seiten hätte sehen können, wie Gott es tat, zu einem anderen Ergebnis gekommen wäre: Weil sie ja wirklich recht handelte, würden Gott und Lisa es gemeinsam auch so sehen. Diese Art von Richten, die ihr rechtes Handeln als solches beurteilt, hätte Hanna nichts ausgemacht, und es wäre ihr wohl gar nicht in den Sinn gekommen, das als »Richten« zu bezeichnen. Sie hätte das als ein »Wahrnehmen« oder »Einschätzen« bezeichnet.

Hanna hatte insofern recht, als Lisa tatsächlich die Dinge nicht aus absoluter Perspektive sehen konnte. Das kann keiner außer Gott, denn nur für ihn sind alle Herzen offen, alle Wünsche bekannt. Wir Sterbliche sehen oft Recht nicht als Recht und Unrecht nicht als Unrecht. Wir urteilen nach dem äußeren Erscheinungsbild. Das ist das einzige, zu dem wir Zugang haben. Und darum erkennen wir nur »stückweise«.

Unterdes sind uns aber doch Maßstäbe an die Hand gegeben, nach denen wir unser eigenes oder anderer Menschen Handeln beurteilen können. »An ihren Früchten« sollen wir sie erkennen Wenn wir überhaupt nicht richten dürften, müßten wir das Wort »ist« ganz und gar aus unserem christlichen Vokabular streichen, denn alles, was wir diesem Wort in einer Aussage folgen lassen, ist bereits ein Urteil: Peter *ist* ein hervorragender Segler, Frau Schmidt *ist* eine gute Köchin, Harold *ist* ein Faulpelz. Diese Urteile hängen ganz davon ab, aus welcher Perspektive jemand Peter, Frau Schmidt oder Harold sieht.

Jesus lehrt uns, unsere Feinde zu lieben. Wie sollen wir wissen, wer unsere Feinde sind, ohne daß wir uns ein Urteil darüber bilden? Jesus sprach sowohl von Hunden, Schweinen, Heuchlern, Lügnern, als auch von Freunden, Nachfolgern, reichen Leuten, Großen und Kleinen, Demütigen und Stolzen, von denen, »die euch hören werden«, und von denen, »die euch abweisen werden«. Er sprach von alten und neuen Weinschläuchen, den Dingen dieser Welt und den Dingen, die zum Reich Gottes gehören. Wenn all diese Fragen und Lehren einen Sinn haben sollen, dann erfordern sie die von Gott gegebene Fähigkeit des Richtens, des Beurteilens, wozu auch negative Aussagen gehören können.

Die weitverbreitete Vorstellung, daß das Beurteilen anderer an sich schon eine Sünde ist, führt zu solch unangemessenen Maximen wie »Ich bin o.k. und du bist o.k.«. Damit fördert man eine Art Verschwörung zu moralischer Gleichgültigkeit, bei der man sagt: »Wenn *du mir* nie sagst, daß ich etwas falsch mache, dann sage *ich dir* auch nie, daß *du* etwas falsch machst.« »Richtet nicht, auf daß ihr nicht gerichtet werdet« hat inzwischen die Bedeutung gewonnen: »Wenn du niemals irgend etwas Sünde nennst, kann auch niemand dich je Sünder nennen.« Tu du das deine und laß mich das meine tun! Wir wollen alle Menschen akzeptieren und uns nicht darum kümmern, was sie tun!

Da liegt ein ernsthaftes Mißverständnis vor. Die Bibel sagt zwar klar, daß es nicht unsere Sache ist, diejenigen zu korrigieren, die noch keine Christen sind. Das ist Gottes Angelegenheit. Alexander der Schmied tat Paulus viel Böses und war ein hartnäckiger Gegner seiner Lehren. Diese Beschreibung seiner Haltung war ein gerechtes Urteil, aber Paulus hielt es nicht für seine Pflicht, sich mit dem Mann anzulegen. »Der Herr wird ihm vergelten nach seinen Werken« (2. Tim 4,14).

Aber Paulus schrieb an die Christen in Korinth, daß es ihre Sache sei, die zu richten, die zu ihnen in die Gemeinde gehören. Er befahl ihnen direkt, einen Menschen, der sich unmoralisch aufgeführt hatte, aus der Gemeinde auszuschließen:

> »Schafft den alten Sauerteig weg... Ich habe euch in dem Brief geschrieben, daß ihr nichts zu schaffen haben sollt mit den Unzüchtigen. Damit meine ich nicht allgemein die Unzüchtigen in dieser Welt oder die Geizigen oder Räuber oder Götzendiener; sonst müßtet ihr ja die Welt räumen. Vielmehr habe ich euch geschrieben: Ihr sollt nichts mit einem zu schaffen haben, der sich Bruder nennen läßt und ist ein Unzüchtiger oder ein Geiziger oder ein Götzendiener oder ein Lästerer oder ein Trunkenbold oder ein Räuber; mit so einem sollt ihr auch nicht essen« (1. Kor 5,7.9 – 11).

Das ist völlig klar gesagt. Aber es ist sehr schwer, diesen Worten zu gehorchen. Ich habe in diesem Land selten von einem Fall gehört, wo man dem Wort der Bibel in diesem Punkt gehorsam war; aber ein Missionar aus Peru erzählte, daß er es öfter in den kleinen peruanischen Gemeinden der entlegenen Anden Regionen und des Dschungels erlebt hat, daß Christen ganz einfach dieses Wort glaubten und es in die Tat umsetzten. In der Mehrzahl der Fälle, so erzählte er, führte diese Maßnahme zu Buße und Versöhnung, zu Wiederherstellung und Heilung.

Der Schlüssel zum Problem des Richtens ist die Sanftmut. Kindlichkeit ist auch ein gutes Wort dafür. Sanftmut ist eine der Früchte des Heiligen Geistes. Es heißt ja, daß keiner, der sich nicht demütigt und wie ein Kind wird, ins Reich Gottes kommen kann. Wir können uns niemals selbst zu Richtern machen, denn wir sind auch Sünder und für Versuchungen ebenso anfällig wie die, die wir richten. Aber wenn wir wirklich demütig sind (und nicht nach eigenem Ansehen und Selbstbestätigung suchen), sollen wir die Wahrheit so aussprechen, wie wir sie sehen (wie sonst könnte ein Mensch sie aussprechen?). Wir sollen sie in Liebe sagen und dabei an unsere eigene sündige Veranlagung denken und daran, daß wir ständig selbst Gnade nötig haben. Auch unser begrenztes Verstehen sollten wir nicht vergessen. Wenn wir in diesem Punkt den Willen Gottes tun wollen, dann können wir nur, wie in allen anderen Angelegenheiten auch, im Glauben handeln und müssen dabei das Risiko in Kauf nehmen, manchmal zu irren. Wir mögen auch manchmal etwas falsch beurteilen, aber laßt uns wenigstens aufrichtig und barmherzig sein. Unter Umständen werden wir selbst einmal falsch beurteilt. Laßt uns auch dann barmherzig sein und das falsche Urteil so demütig annehmen, wie unser Herr es tat; »der nicht wiederschmähte, als er geschmäht wurde« (1 Petr 2,23).

Ich sagte schon, daß wir uns nicht selbst zum Richter machen können. Es ist Gott, der uns diese Aufgabe zuweist, der uns als Christen befiehlt, andere Christen zu richten. Es ist nicht Stolz, der uns dazu treibt. Der Stolz würde uns nur dazu verführen zu richten, als ob wir nicht den gleichen Maßstäben unterlägen oder von der gleichen Sünde versucht würden. Das »Richtet nicht!«, das Jesus aussprach, galt jenem, der versuchte, den »Splitter« aus dem Auge seines Bruders zu entfernen, während er selbst den »Balken« in seinem eigenen Auge nicht bemerkte.

»Du Heuchler!« sagt er zu ihm. »Zieh zuerst den Balken aus deinem Auge; danach sieh zu, wie du den Splitter aus deines Bruders Auge ziehst« (Mt 7,5). Der »Splitter« muß wirklich entfernt werden. Er darf nicht toleriert, übersehen oder verharmlost werden. Aber er muß von jemand entfernt werden, der sehen kann, d.h. von einem, der demütig ist, kindlich, rein, sanftmütig. Wenn jemand sich der Verantwortung für die Aufgabe des Richtens mit der Entschuldigung entziehen möchte, daß er zu diesen Leuten nicht gehört, dann wollen wir doch bitte nicht vergessen, daß diese Eigenschaften zu den Vorbedingungen für den Zugang zum Reich Gottes gehören, und daß nur solche Leute in diesem Reich gebraucht werden können. Wir müssen uns mit ihnen unter das Kreuz Jesu stellen. Dort kann es dann zur gemeinsamen Erfahrung werden, was in dem Lied beschrieben ist:

> »Ich blicke voll Beugung und Staunen
> hinein in das Meer seiner Gnad'
> und lausche der Botschaft des Friedens,
> die er mir verkündiget hat.
> Sein Kreuz bedeckt meine Schuld
> sein Blut macht hell mich und rein.
> Mein Wille gehört meinem Gott
> ich traue auf Jesus allein.«

Wie man sich selbst am besten verkauft

Vor einigen Monaten besuchten etwa hundert Sekretärinnen ein Seminar in Syrakus. Da ich zufällig an jenem Tag im gleichen Hotel war, bekam ich einiges von den Vorträgen mit.

Die Rednerin war ein flott gekleideter, schnellsprechender Yuppie. Sie gab eine Menge kostspieliger Ratschläge, wie man sich heute in der Welt der Geschäftsleute am besten verkauft. »Durch die Art und Weise, wie Sie gekleidet sind«, erklärte sie, »können Sie schon eine starke Ausstrahlung rüberbringen. Kostüm, meine Damen, keine Wolljacken! Enge Röcke, keine bequemen Hosen! Hochhackige Schuhe, keine Sandalen.

Die Art, wie Sie Ihr Haar tragen, verrät dem Chef mehr über Sie als Ihr Lebenslauf. Das Haar in der Stirn sagt ihm (die Vortragende ging tatsächlich fast ausschließlich von einem männlichen Chef aus), daß Sie schüchtern oder spröde sind oder vor irgend etwas Angst haben. Langes, offen getragenes Haar sagt ihm, daß Sie nie erwachsen geworden sind. Und Sie wissen doch sicher, was toupiertes Haar schon im ersten Augenblick signalisiert, wenn Sie ein Büro betreten: aufgeplusterter Verstand!

Was Sie in der Mittagspause essen, und wie Sie Ihren Schreibtisch gestalten, läßt andere erraten, was Sie beherrscht. Keine Teddybären oder dumme Sprüche auf dem Schreibtisch, keine Speise mit Sahne, keinen süßen Nachtisch. Fühlen Sie sich wohl in Ihrer Haut – schlank, gepflegt, mit viel Schwung... Treten Sie bestimmt auf! Haben Sie Selbstvertrauen! Gehen Sie in die Hauptverwaltung nur in Ihrem eleganten Kostüm aus der Designer-Boutique – dunkel (natürlich), tadellos geschnitten (natürlich). Stehen Sie aufrecht! Halten Sie Ihren Kopf gerade! Lächeln ist gefragt! Schütteln Sie Ihrem Gegenüber in einer Weise die Hand, daß er weiß – auch wenn er mit den Zähnen knirscht –: hier begegnet ihm Autorität. Sie sind diejenige, die das Sagen hat.«

Unter der Oberfläche

In der Zeitschrift »Tree of Life« schreibt Peter Reinhart:

> »Der Geist dieser Zeit ist ein Geist des persönlichen Machtstrebens. Der Geist Christi ist ein Geist der Demut. Der Geist dieser Zeit ist von Ehrgeiz und Leistung bestimmt. Der Geist Christi ist ein Geist, der auch Armut bereitwillig annimmt. Der Geist dieser Zeit zielt auf Selbstbestimmung. Der Geist Christi ist abhängig von der göttlichen Vorsehung.«

Dann schlägt er eine ganz neue Art von Seminar vor, bei dem *Tugenden* eingeübt werden sollen: Demut z.B., geistliche Armut, Reinheit des Herzens, Keuschheit des Geistes. Statt des Selbstvertrauens sieht er das Vertrauen auf Christus als die Quelle innerer Kraft und Freiheit.

Da stimme ich mit ihm überein. Sklave Jesu Christi zu sein, bedeutet vollkommene Freiheit.

Läßt sich diese Idee verkaufen? Funktioniert sie? Können wir auf diesem Weg wirklich das bekommen, was wir uns wünschen? Die dritte Frage ist für Christen die ausschlaggebende. Wenn wir sie klar beantworten können, haben wir zugleich auch die Antwort auf die beiden ersten.

Wenn Sie das wollen, was alle Welt will, wird Ihnen niemand das Seminar Reinharts schmackhaft machen können. Es zieht einfach nicht.

Doch wenn Sie sich nach dem ausstrecken wollen, was die Welt verachtet – nach Dingen, die Ewigkeitswert haben –, und wenn Jesus Christus der Herr Ihres Lebens ist, dann sieht die ganze Sache anders aus. Das gilt selbst in der Welt des harten Konkurrenzkampfes, wo »ein Mensch dem anderen ein Wolf ist«, wo das große Geld gemacht wird und der große Erfolg winkt.

Was unterscheidet Christen von anderen Menschen in dieser Welt? Ich gebe zu, daß ich der Rednerin aus der Schickeria in mancher Hinsicht recht gebe, so dumm ihre Aussagen auch zu klingen scheinen. Das Medium, das man wählt, ist leider bis zu einem gewissen Grad bereits die Botschaft, die man vermittelt. Ein Christ muß seine Arbeit mindestens so ordentlich, bewußt und ernsthaft tun, wie jeder andere.

Er sollte sich auch sorgfältig kleiden und vernünftig und verantwortungsbewußt in seinem Handeln sein. Die Menschen bewerten nun einmal das äußere Erscheinungsbild, weil sie nichts anderes sehen können. Gott allein kann in das Herz schauen.

Aber auch was ein Mensch in seinem Inneren hat, kommt früher oder später ans Tageslicht. Vielleicht bekommen Sie eine Stelle aufgrund Ihres Auftretens beim Vorstellungsgespräch. Behalten werden Sie sie aber nur auf der Basis, wie Sie Ihre Arbeit dann Tag für Tag ausführen. Viele vollbringen dabei beachtliche Leistungen, weil es ihnen um Geld und Macht geht. Doch gibt es daneben auch nahezu ständig Anlässe zu kleinen Schwindeleien; es wird viel Ellenbogenpolitik betrieben, und wer im Weg ist, wird beiseite gestoßen oder niedergetrampelt. Und denken wir auch an die z.T. wirklich schweren Verbrechen, die manche Menschen ungestraft begehen.

Ein Christ arbeitet in einem Büro oder einer Fabrik oder einem Konstruktionsbüro aus ganz anderen Motiven: »(Arbeitet)... aufrichtig, als dientet ihr Christus. Tut es nicht nur äußerlich, um euch bei ihnen (den Menschen) einzuschmeicheln. Betrachtet euch vielmehr als Sklaven Christi, die den Willen Gottes gerne tun« (Eph 6,5 – 6, Gute Nachricht).

Geltungsdrang und Liebe

Ich hoffe, daß Christen – einerlei ob Geschäftsmann oder -frau, ob in der untergeordneten Stellung oder in Chefetagen – sich von anderen Menschen nicht nur durch gewissenhafte Arbeit, sondern auch durch Güte und schlichte Freundlichkeit unterscheiden. Als Männer ohne anmaßendes Auftreten und als Frauen mit bescheidenem Wesen sollten sie vor allem bereit sein zum Dienen. Im Grunde ist am Ehrgeiz nichts Falsches – Jesus hat ihn sogar öfter angesprochen –, aber es kommt darauf an, welcher Art dieser Ehrgeiz ist: »Wenn jemand will der Erste sein, der soll sein... aller Diener« (Mk 9,35), selbst wenn das bedeutet, Kaffee zu kochen und zu servieren, statt in einem Ausschuß mitzureden.

Ein Christ ist ein Mensch, den man bitten kann, jede gerade nötige Arbeit zu tun, ohne daß man zu hören bekommt: »Das ist nicht meine Aufgabe!« Sicher fühlt sich jetzt jemand verpflichtet, mich darauf hinzuweisen, daß man Schwierigkeiten mit der Gewerkschaft bekommen kann, wenn man so handelt. Nun, ich denke, Sie haben mich schon richtig verstanden. Christen sind einfach verfügbar. Sie fühlen sich auch nicht zu erhaben, unangenehme und kleine Aufgaben zu übernehmen, die keiner tun will. Auf Christen kann man sich verlassen, sie lassen sich etwas aufpacken und manchmal auch übergehen. Warum nicht? Ihrem Meister ist das auch passiert.

Mir fällt meine Freundin Betty Green ein. Sie war Pilotin. Während des zweiten Weltkrieges überführte sie Bombenflugzeuge. Außerdem war sie Mitbegründerin einer Missionsfluggesellschaft. »Ich hatte mich entschlossen, wenn ich schon in einer Männerwelt bestehen mußte, selbst doch Dame zu bleiben«, so erzählte sie mir. Ich bin niemals einer Frau begegnet, die mehr »Dame« gewesen wäre als sie. Sie weiß genau, wann sie zu schweigen hat. Sie ist ein durch und durch bescheidener Mensch – die Güte in Person. Sie versucht auch nicht, irgend etwas zu beweisen. Ein früherer Kollege von ihr sagte mir einmal, daß er keine weiblichen Piloten hätte brauchen können – bis er Betty traf. Sie veranlaßte ihn dazu, seine Meinung und seine Vorurteile zu ändern.

Christen sollten immer andere Menschen zum Umdenken veranlassen. Ich vermute, was die Gegner eines vielverleumdeten bekannten Christen in Amerika am meisten aufbringt, ist dessen unzerstörbare Güte, seine Weigerung, sich hinter angebliche Logik zurückzuziehen. Sie nennen ihn einen »stiernackigen Fanatiker«, doch in die Kategorie paßt er gar nicht. Sein schlimmstes Unrecht besteht darin, daß er so oft recht hat. Er redet die Wahrheit – das ist schon schlimm genug –, und er sagt sie in Liebe – das ist unverzeihlich.

»Denn die Liebe Christi drängt uns«, sagt der Apostel Paulus (2. Kor 5,14). Das gilt für uns alle, die wir uns Christen nennen. Die Liebe ist die antreibende Kraft bei all unserem Tun – vom Beten und dem Dienst in der Gemeinde bis zum Waschen und Rasenmähen und dem Beruf, für den wir bezahlt werden. Güte ist der entscheidende Faktor dabei.

Güte? Gibt es sie noch im ausgehenden zwanzigsten Jahrhundert? Ja. Wenn zu Hause, in der Schule und am Arbeitsplatz das Leben eines jeden Christen nach der Regel: »Mein Leben für deins« verliefe (»in Demut achte einer den andern höher als sich selbst« [Phil 2,3]), würde das schon einen riesigen Unterschied ausmachen.

Das Erkennungszeichen eines Christen ist die Liebe. Sie war es, die Jesus von allen anderen Menschen unterschied. Sie war letztlich auch das, was ihn ans Kreuz brachte. Wenn wir ihm auf diesem Kurs folgen wollen, dann werden viele unserer Methoden der Selbstdarstellung, die für andere ganz selbstverständlich sind, für uns nicht mehr in Frage kommen.

Wollen wir das Risiko nicht auf uns nehmen, daß wir manchmal ignoriert werden, daß man auf uns herumtrampelt oder uns bei der Beförderung übergeht? Ja, das und viele andere Dinge kommen auf uns zu. Welchen Preis sind wir auf dem Weg des Gehorsams zu zahlen bereit? Wer aus dem Glauben handelt und sich nicht um seine Selbstverwirklichung sorgt, wird auf dem Weg dieser Selbstverleugnung die Früchte der Erfüllung finden. Wir haben das paradoxe Versprechen unseres Herrn: »Wer sein Leben zu erhalten sucht, der wird es verlieren; und wer es verlieren wird, der wird es gewinnen« (Lk 17,33).

Der Traum von der großen Karriere

Christliche Frauen scheinen heutzutage der Ansicht zu sein, daß sie vollkommen frei sind, zu tun und zu lassen was sie wollen – daß sie z.B. auch die Möglichkeit haben, einem Beruf nachzugehen. Ob sie nun noch jung, im mittleren Alter oder alt sind, ob verheiratet oder nicht, ob mit Kindern oder ohne – die Mehrzahl der christlichen Frauen ist heute an einer Berufstätigkeit interessiert.

»Ist das denn nicht in Ordnung?«, mögen Sie fragen. Ich bin mir da nicht sicher. Francis Schaeffer sagte kurz vor seinem Tod: »Sage mir, was die Welt heute propagiert, und ich sage dir, was die Kirche in sieben Jahren propagieren wird.« »Karriere« ist ein Hauptschrei der feministischen Bewegung, und es scheint, als ob sich die christlichen Frauen willig dieser Parole anschließen, wenn auch vielleicht fünf bis sieben Jahre später als die säkulare Bevölkerung, aber hocherfreut, daß sie es nun endlich auch geschafft haben: »Es war ein langer Weg.«

Nun, das war es bestimmt. Aber geht er auch in die richtige Richtung? Haben christliche Frauenseminare, christliche Bücher und christliche Frauenzeitschriften uns durch stillschweigende Übernahme von nicht sorgfältig genug geprüften Vorstellungen ermutigt, in eine Richtung zu gehen, die letztlich nicht in die gewünschte Freiheit führt?

Es ist interessant festzustellen, daß es eine wachsende Flut von Enttäuschung und Desillusionierung bei den Frauen »in der Welt« gibt. Sie beginnen zu entdecken, daß die Erfüllung, die sie im Geschäfts- oder Berufsleben gesucht haben, nicht sehr erfüllend war. Viele fühlen sich heute eher wie ausgequetschte Zitronen.

Vor nicht allzu langer Zeit kam im Fernsehen eine besondere Sendung für berufstätige Frauen. Die Moderatorin gehört selbst zu dieser Kategorie, und ich habe die unbestimmte Ahnung, daß sie erfahren wollte, ob auch andere Frauen heimliche Zweifel an den »Freuden einer Karriere« haben. Sie fragte: »Ist es tatsächlich anregend für eine

Frau, berufstätig zu sein? Ist ein Beruf wirklich schöpferischer als Muttersein und der Familie ein Heim zu schaffen? Ist es befriedigend? Macht es Spaß? Hat es die versprochene Erfüllung gebracht, die man erwartete?« In der Show war nicht gerade eine Vielzahl glücklicher Gesichter zu sehen. Manche Frauen schauten direkt in die Kamera und gaben zu, sie hätten sich täuschen lassen. Sie wären bereit, ihren ganzen Lebensstil zu ändern, Opfer zu bringen, alles Notwendige zu tun, um wieder aus der Arbeitswelt herauszukommen. Einige, die wie eiskalte Geschäftsfrauen aussahen, erklärten rundheraus, sie gingen demnächst wieder nach Hause, um sich um ihre Kinder zu kümmern. Ein Zeitungskommentator beschrieb das Ergebnis der modernen Kindererziehung als »emotionales Blutbad«.

Zwei Psychologen von anerkannten Universitäten haben die negativen Äußerungen dieser berufstätigen Frauen bestätigt. Sie sagten, was wir unseren Kindern heute antäten, könnte sich auswirken wie »psychologisches Contergan«. Es bedrückt mich, zu denken, daß wir unsere Kinder vielleicht verstümmeln, indem wir sie um ein normales Familienleben bringen.

»Sie scherzen wohl«, höre ich jemand sagen. »Sie wollen doch nicht im Ernst sagen, daß Frauen mit Kindern nicht berufstätig sein sollten?« Es wäre unsinnig, das irgend jemand zu empfehlen, wenn ich mich nicht auf eine überzeugendere Autorität berufen könnte, als meine persönliche Meinung und Erfahrung. Ich denke aber, daß es Aussagen von Gewicht zu diesem Thema gibt.

Lesen wir doch einmal die Anweisungen des Paulus an einen jungen Pastor:

> »... desgleichen (sage) den älteren Frauen, daß sie sich verhalten, wie es sich für Heilige ziemt, nicht verleumderisch, nicht dem Trunk ergeben. Sie sollen aber Gutes lehren und die jungen Frauen anhalten, daß sie ihre Männer lieben, ihre Kinder lieben, besonnen seien, keusch, häuslich, gütig und sich ihren Männern unterordnen, damit nicht das Wort Gottes verlästert werde« (Tit 2,3 – 5).

Könnte in diesen Versen vielleicht eine Leitlinie verborgen sein, die wir übersehen haben? Ich traf vor kurzem einige Frauen, die eine großartige Karriere gemacht hatten, jetzt aber entdeckten, wie die Bibel die

Dinge sieht (mehr darüber findet sich in 1. Tim 5). Als ihnen klar wurde, daß der Lebensstil, den sie bisher verfolgten, nicht mit biblischen Maßstäben übereinstimmte, unternahmen sie drastische Veränderungen. Einige von ihnen mußten einen sehr hohen Preis dafür zahlen, doch war er nicht zu hoch angesichts der Befreiung, die aufrichtigen Gehorsam immer begleitet.

Ich bin eine dieser älteren Frauen, die Paulus anspricht. Wenn ich Christ bin, bin ich verpflichtet, das zu tun, was die Bibel mir sagt. (Es gibt kein Christentum ohne Gehorsam.) Mit allen Mitteln, die mir zur Verfügung stehen, soll ich »lehren«, das heißt, ein Beispiel setzen, ein Vorbild für jüngere Frauen sein – in der Ehrerbietung, in der Selbstbeherrschung, als liebende Frau und Mutter, in der Reinheit des Herzens, in der Freundlichkeit, in der Arbeit zu Hause, in der Achtung meinem Mann gegenüber, im Gebet, im Gottesdienstbesuch, in der Gastfreiheit, in der Bereitschaft, auch unangenehme und demütigende Arbeiten zu übernehmen, und darin, daß ich »allem guten Werk nachkomme« (s. 1. Tim 5,10).

Das sind anspruchsvolle Anweisungen. Wer schafft es, ihnen zu genügen? Keiner von uns kann das ohne viel Gnade von Gott, die ihm in jeder Minute des Tages gegeben werden muß. Doch wenn wir ihm zutrauen wollen, daß er uns diese Gnade schenkt, müssen wir sicher sein, daß unser Wille dem seinen untergeordnet und unser Leben nach seinen Regeln ausgerichtet ist.

Es stehen immer viele »Aber« in uns auf, wenn wir uns aufrichtig den Anweisungen Gottes stellen. Ich weiß, daß es Tausende von Frauen ohne Männer gibt, die einen Weg finden müssen, sich und ihre Kinder zu ernähren. Aber der Herr, der uns seine Leitlinien gab, kennt jede einzelne Situation sehr genau:

»Denn euer himmlischer Vater weiß, daß ihr all dessen bedürft« (Mt 6,32). Vielleicht hat er noch einen anderen Weg im Auge als den einen, der uns unvermeidlich erscheint. Vielleicht gibt es doch eine Möglichkeit, zu Hause zu arbeiten? Wie ernsthaft bemühen wir uns darum? Wer gehorchen will, dem wird auch der Weg gezeigt.

Ich kannte dich,
ehe ich dich im Mutterleib bereitete

Vor kurzem berichtete das Magazin »Time« von einem neuen Triumph moderner medizinischer Technik. Ein ungeborenes Kind, bei dem durch eine Amniozentese festgestellt wurde, daß es anlagemäßig mit dem Down-Syndrom belastet war, wurde abgetrieben. (Wurde sein Leben »beendet«? Wurde es stillschweigend »beseitigt«? Wurde es »getötet«?) Es ging alles sehr wissenschaftlich und steril und risikolos vor sich. Für die Mutter hatte kaum Gefahr bestanden und der andere Zwilling, den die Mutter in sich trug, wurde nicht im geringsten beschädigt. Das betroffene Kind (Kann man dieses Wort akzeptieren? Sollte man nicht besser sagen: das »leidende, unerwünschte, nutzlose, wegwerfbare« Kind?) wurde von seinem Leben erlöst, indem man ihm alles Blut entzog. Das geschah durch eine lange Nadel, die man bis in sein schlagendes Herz einführte. Dieser Prozeß wurde als »therapeutische« Abtreibung bezeichnet. Das Wort »therapeutisch« bedeutet, daß etwas der Heilung oder der Besserung dient. Das Merkwürdige an diesem Fall war nur, daß niemand außer dem abgetriebenen Kind krank war. Wer wurde denn dann geheilt? Wem ging es besser danach?

Es erscheint als bodenlose Ironie, daß nur ein paar Wochen später das gleiche Magazin einen anderen medizinischen Durchbruch feierte: Durch einen chirurgischen Eingriff wurde eine anormale Nierenanlage (bekannt unter dem Namen Hydronephrose) korrigiert. Das Erstaunliche an diesem Fall war, daß der Patient ein ungeborenes Kind war – und ebenfalls ein Zwilling. Wieder wurde eine lange Nadel eingeführt – durch die Bauchdecke der Mutter, durch die Gebärmutter, durch die Fruchtblase und die Bauchdecke des Fetus in dessen Blase. Durch die Nadel sollte diesmal aber nicht Blut abgesaugt, sondern ein Katheder eingeführt werden, der den Urin ableitete. Auf diese Weise wurde das Leben des kleinen Jungen gerettet.

»Trotz aller verheißungsvollen Prognosen«, so kommentierte Time,

»werfen die chirurgischen Eingriffe an Feten einige ethische Probleme auf.«

Ethische Probleme tauchen allerdings nur dann an dieser Stelle auf, wenn wir es ablehnen, das Ding, das da operiert wurde, ein Kind zu nennen.

Im ersten Fall wünschte die Mutter das Kind nicht. Wie sie auch immer das Wesen bezeichnete, es hatte jede Möglichkeit, eine Person zu werden, und nur als Person bedeutete es eine Bedrohung für die Mutter. Als dieses Wesen schadlos gemacht worden war, d.h. sein Herz nicht mehr schlug, es also tot war, trug die Mutter es bis zum Ende der Schwangerschaftszeit aus. Dann wurde es zusammen mit seinem Zwilling geboren. Dieses zweite Kind hatte sein Dasein ebenso wie das andere begonnen und die Anlage mitgebracht, eine Person zu werden – nur mit dem Unterschied, daß es erwünscht, geliebt, brauchbar und lebendig war.

Im zweiten Falle wünschte sich die Mutter beide Kinder, das gesunde und das kranke mit der geschwollenen Niere und Blase. Für sie waren beide ihre Kinder. Sie überlegte, ob es wohl eine Möglichkeit gab, das winzige Wesen zu retten? Konnte sie für das werdende Baby irgend etwas tun? Es war doch nun einmal ihr Kind – das war für diese Mutter gar keine Frage.

Eine Ärztin gab folgende Definition: »Wenn man einen Fetus chirurgisch behandeln kann, dann ist es tatsächlich ein Baby.«

Wie weit haben wir uns schon von dem Wissen entfernt, das die Natur jeder werdenden Mutter von jeher als Erkenntnis schenkte! Man muß erst Argumente anführen – teilweise aus dem Bereich medizinischer Technik wie der Fetus-Chirurgie –, um zu beweisen, daß ein lebendiges, bewegliches Wesen, das sich entwickelt, um auf die Welt zu gelangen, ein menschliches Baby ist. »Wenn chirurgische Eingriffe möglich sind, *dann* handelt es sich um ein Kind«!

Damit ist genau die Frontlinie abgesteckt, auf der sich der Kampf abspielt. Ist es ein Kind oder ist es kein Kind? Was ist das, was da abgetrieben werden soll? Was ist es, was da geboren werden soll? Was ist das, an dem ein chirurgischer Eingriff vollzogen wurde? Wenn wir es als »Fetus« bezeichnen – macht das das ethische Dilemma weniger groß?

Ein Gynäkologe aus dem Massachusetts General Hospital in Boston behauptet, daß ein Fetus erst dann ein Kind, eine Person ist, wenn er außerhalb des mütterlichen Uterus lebensfähig ist.

Wenn wir diese Definition akzeptieren, könnten wir genausogut annehmen, daß ein Patient keine Person mehr ist, wenn er (genauer gesagt, »es«, das undefinierbare Wesen) ohne z.B. Dialysegerät oder einen Herzschrittmacher nicht mehr überleben kann Kann eine Maschine eher zur Vermenschlichung beitragen als der Uterus einer Mutter? Kann man ernsthaft glauben, daß eine erfolgreiche Loslösung von der Mutter das ist, was eine andernfalls verfügbare Gewebmasse in etwas verwandelt, das wir zu Recht ein Baby nennen können?

Katharine Hepburn verschickte vor kurzem einen Rundbrief (ich vermute, an nahezu alle Menschen, sonst wüßte ich nicht, wie ich auf ihre Liste gekommen wäre), in denen sie um 3,6 Millionen Dollar bat, um gegen eine – wie sie sagte – »unterdrückerische Gesetzgebung« vorzugehen, durch die die individuellen Rechte und die Freiheit der Fortpflanzung beschränkt werden sollten. Sie führte acht Gründe an, um einen Änderungsantrag an die Regierung, der gegen »Abtreibung auf Verlangen« gerichtet war, zum Scheitern zu bringen. Kein einziger ihrer acht Gründe hätte bei irgendeinem Gerichtshof als echtes Argument gegen den Änderungsantrag Gültigkeit besessen, wenn das abgetriebene Etwas als Person bezeichnet worden wäre.

Das ist und bleibt die Frage.

Das ist überhaupt die einzige relevante Frage in dem Zusammenhang. Wenn das, was Frau Hepburn »individuelle Rechte und die Freiheit der Fortpflanzung« nennt, auch für eine andere Person als nur die schwangere Frau gilt, nämlich für ein Wesen, das im Verborgenen lebt, hilflos und auf die Gnade der einen angewiesen ist, der sein Leben anvertraut wurde – sind dann wir, die Einwände gegen eine Abtreibung erheben, wirklich hysterisch, unlogisch, blauäugig oder fanatisch? Lassen wir uns wirklich irreführen von dem, was sie als »überholte Plattheiten von Fernsehpredigern« bezeichnet, wenn wir laut gegen sie und ihresgleichen angehen?

Letzte Woche hörte man von einem anderen Skandal. Eine Frau hatte einige Pflegeheime geführt, die sich durch Nachforschungen als etwas herausstellten, das man nur als »menschliche Abwasserkanäle« bezeichnen konnte. Sie hatte mit einer anderen Gruppe hilfloser menschlicher Wesen ein Geschäft gemacht – den Alten. Diese hatten durchaus etwas gemein mit den Feten, zu deren Beseitigung Miss Hepburn das Recht zu haben glaubt. Auch sie lebten im Verborgenen, waren hilflos und auf die Gnade derer angewiesen, die mit ihrer Pflege betraut waren. Die Öffentlichkeit war empört. Diese Opfer waren nicht als menschliche Wesen behandelt worden.

Warum diese Aufregung? Wollten wir einige der Argumente, die zur Verteidigung der Abtreibung benutzt werden, auf die Pflegebedürftigen, die Alleinstehenden, die Senilen anwenden, was käme dabei heraus?

Wenn das Hirn geschädigt ist, darf der Fetus (und dann ebenso der Greis oder der Verkrüppelte) getötet werden. Falls der Fetus, wenn er zur Person heranwächst, d.h. geboren wird, eine ernsthafte Belastung für die Mutter oder andere Familienmitglieder darstellen würde, darf sein Leben beendet werden. Dabei hat man oft genug beobachtet und festgestellt: Eine »passende Zeit« für ein Baby gibt es überhaupt nicht. Alle Babies (und viele behinderte und bettlägerige Menschen ebenso) bedeuten eine manchmal recht lästige Einschränkung für ihre Umgebung. Sie können sich alle zu einer ernsthaften Belastung auswachsen. Allein die Liebe »erträgt alle Dinge«.

Wenn ein Baby zur Welt kommen darf, steht es in der Gefahr, das Opfer von Brutalität zu werden. Eine Lösung, die gegen mögliche Kindesmißhandlung angeboten wird, heißt Abtreibung. (Und was ist die Lösung für vernachlässigte Achtziger?)

Einer sechzehnjährigen Schulabgängerin, die keine Aussicht auf ein stabiles Heim hat und deren Schwangerschaft ihren Ausbildungschancen ein Ende setzt, wird geraten, das Kind abzutreiben. Und was sollen wir einem 58jährigen geschiedenen Mann raten, der eine invalide Mutter hat? Sich um sie zu kümmern und für sie zu sorgen könnte für ihn das Ende vieler seiner Möglichkeiten und Chancen bedeuten.

Wenn wir es ablehnen, medizinisch »sichere« Abtreibungen zu erlauben, sagt man uns, daß wir dadurch unhygienischen »Hinterhof-Maßnahmen«, selbst herbeigeführten Fehlgeburten verzweifelter Frauen oder sogar Selbstmordversuchen Vorschub leisten. In Analogie zu diesem Vorwurf: wenn wir die sterile Injektion von beispielsweise einer Überdosis Morphium verurteilen, die in einem Pflegeheim einem alten Mann gegeben wird, dessen Lebensqualität eine Fortsetzung der Existenz nicht mehr rechtfertigt – ermutigen wir damit zu schlimmeren Methoden, lästige Menschen aus der Welt zu schaffen?

Frau Hepburn beklagt es, daß kalte, verfassungsmäßig verankerte Verbote ein solches Gewicht haben, statt der individuellen Entscheidung der Frau nach »vernünftiger Beratung mit ihrem Gynäkologen«

Raum zu geben. Einige der »kalten, verfassungsmäßig verankerten Verbote« betreffen die Frage nach dem menschlichen Leben und nach dem, was die Bürger der Vereinigten Staaten dafür oder dagegen tun dürfen und was nicht.

Diese Frage steht immer noch im Raum. Was machen wir mit der Gabe des Lebens? Sollen wir zuerst und vor allem seinem Schöpfer danken und die Heiligkeit all dessen, was nach seinem Bilde geschaffen ist, anerkennen? Sollen wir ihm mit Ehrfurcht begegnen? Wenn uns ein menschliches Leben anvertraut ist, einerlei wie schwach und wie unfähig zur Vergeltung, sollen wir es hegen und pflegen, oder dürfen wir – aufgrund unserer enorm zivilisierten und von hoher Bildung zeugenden Rationalisierung – uns auf den Standpunkt stellen, daß dieses menschliche Wesen entweder keine Person ist, oder daß, obwohl es eine Person ist, sein Leben nicht mehr lebenswert ist? Daß es deshalb eine Sache der individuellen Beurteilung ist, was wir damit machen?

Was *ist* es nun wirklich, über das wir befinden?

Im Grunde genommen handelt es sich nur um eine einzige Frage: Sprechen wir von einer Sache, oder könnte es sich, wenn wir unsere Vorstellungskraft etwas anregen, doch um eine Person handeln? Wenn wir nicht sicher sind im Hinblick auf die Antwort, könnten wir uns vielleicht einige Anhaltspunkte aus dem Wort holen, was der Herr an Jeremia richtet:

> »Ich kannte dich, ehe ich dich im Mutterleib bereitete, und sonderte dich aus, ehe du von der Mutter geboren wurdest, und bestellte dich zum Propheten für die Völker« (Jer 1,5).

Für Gott jedenfalls war Jeremia bereits eine Person. Ich für meinen Teil möchte mich darum bemühen, alles, was Menschenantlitz trägt, als Gottes Eigentum anzusehen und nicht als etwas, über das ich verfügungsberechtigt bin.

Als ich im Verborgenen gemacht wurde...

Als ich in die Garteneinfahrt einbog, rannte ein neunjähriger Junge mit seinem neuen Welpen über den Rasen. Er hatte den Hund gerade erst geschenkt bekommen und hielt ihn an einer Dressurleine.

»Tante Betty! Das ist Bobby! Wir haben ihn gerade gekriegt!« In den nächsten fünf Minuten hörte ich alles weitere über Bobby und über Carls neue Briefmarkensammlung, über seine Baseballkarten und Spielzeugautos (unter denen sich ein Polizeiwagen befand, ein Weltraumfahrzeug, ein grüner Wagen mit offenem Heck, ein Volkswagen mit Geländereifen und ein Modell von »Le Car«). Außerdem informierte er mich über seine Golfstunden (»Einen Satz Schläger habe ich auch bekommen«), über seinen Tennisunterricht (»Schau doch nur meinen neuen Schläger an!«) und über die Weihnachtskarten, die er verkaufte, um einen Preis zu gewinnen. Und dann mußte er mir noch erzählen, daß er in einem Schlafsack auf der Veranda übernachtet hatte.

Da ist durchaus nichts Ungewöhnliches oder Erstaunliches an diesem Neunjährigen. Er ist lebhaft, hat ein breites Lachen auf dem Gesicht, trägt zerlumpte, abgeschnittene Hosen und hat sogar sein Hemd mit der Schere bearbeitet (er meinte, mit Kragen und Ärmeln wäre es ihm zu heiß). Sein blondes Haar steht an den unmöglichsten Stellen in die Luft, und seine gestreiften Tennisschuhe erscheinen an ihm so riesig und plump, wie man es von Mickymaus kennt.

Als ich gestern diesen meinen charmanten Neffen besuchte, fiel mir eine Szene ein, die ich vor kurzem erlebt hatte. Ich war in einem Krankenhaus in Mississippi gewesen, um meine neue Enkeltochter Elisabeth zu besichtigen. Eifrig spähte ich auf der Kinderstation durch die Scheibe. Neben mir stand eine Reihe von anderen Großmüttern und stolzen, selbstzufriedenen Vätern. »Unser« Baby wurde uns von einer Kinderschwester gezeigt. Es war ein hübsches, winziges Ding, das die vollkommen ausgebildeten Fäustchen fest zusammengepreßt hielt. Ich starrte so bezaubert auf das kleine Wesen, als ob ich noch nie ein neugeborenes Kind zu sehen bekommen hätte, als ob Elisabeth einfach einmalig sei in ihren Fähigkeiten, das Herz einer Großmutter zu bezaubern und zu schmelzen.

Hinter dem Rücken der Krankenschwester sah ich Neugeborene, die mich, zwar auf andere Art, aber nicht minder tief beeindruckten. Diese Kinder waren extrem klein. Eine Schwester schob ihre Hände an den Innenseiten eines Brutkastens in die dort befestigten Gummihandschuhe und hob, ganz behutsam, ein kleines Geschöpf heraus. Dies war ein »Frühchen« von etwa zweieinhalb Pfund und sah sehr viel zerbrechlicher und hilfloser aus als unser Baby. Es gab noch eine ganze Reihe von solchen Winzlingen in Brutkästen. Als ich sie so liegen sah – mit verbundenen Augen wegen der heißen Lampe – und ihre Bewegungen und ihr Atmen in diesen Kästen beobachtete, fiel mir Carl wieder ein, der vor neun Jahren auch ein solches Baby gewesen war. Er war damals drei Monate zu früh zur Welt gekommen. Niemand hatte gedacht, daß er auch nur die erste Nacht überleben würde.

Seine Eltern beteten ernstlich für ihn, und auch viele ihrer Freunde standen mit ihrer Fürbitte hinter ihnen. Ständig behutsam umsorgt von so sanften Händen, wie ich sie bei der Kinderschwester in Mississippi gesehen hatte, schaffte der Kleine es: er überlebte.

Vor nicht allzu langer Zeit sah ich ein Bild, das sich in mein Gedächtnis unauslöschlich einprägte: ein schwarzer Müllsack, der das enthielt, was die Arbeit eines Morgens in einem Stadtkrankenhaus an Abfällen gebracht hatte – vier oder fünf Babies, einige davon so groß wie Carl, als er geboren wurde, einige noch größer. Es waren abgelehnte Kinder.

Wer trifft dabei eigentlich die Auswahl? Wer darf bestimmen, welches winzige Wesen akzeptabel ist und geboren werden darf (und, wenn nötig, hochgepäppelt wird – in einem sterilen Brutkasten mit Temperaturregler, um seine Chancen zum Überleben zu vergrößern), und welches Kind abzulehnen ist und dann wie ein Krebsgeschwür durch chirurgischen Eingriff oder auf chemischem Weg entfernt werden darf? Welch eine pervertierte Vorstellung von erhöhter Lebensqualität rechtfertigt eine solche Entscheidung?

Vor kurzem trat Gloria Steinem im Fernsehen auf und sprach über das, was sie »Pro-Entscheidung« nannte. Was sie nicht aussprach, was kein einziger Befürworter der Abtreibung jemals sagt, ist, daß die Entscheidung, die sie verteidigen, die Entscheidung, jemand zu töten, ist. Babies sind Menschen, aber der oberste Gerichtshof der USA hat verfügt, daß eine bestimmte Gruppe von Menschen, wenn sie noch klein und hilflos genug sind, getötet werden dürfen.

Eine andere Wahl, die die Gerichte und die moderne Liberalität und Moral uns erlauben, ist der Gebrauch taktvollen Vokabulars. Da heißt es z.B., die abgetriebenen Kinder, die ich in dem schwarzen Müllsack sah, seien keine wirklichen Kinder, sondern – wenn sie klein und unerkennbar genug sind – bloßes Gewebe, oder, wie der Ethiker Charles Curran es nennt, »die Sache, um die es bei der Untersuchung geht«. Wenn sie unbestreitbar als Kinder zu erkennen sind, nennt man sie »die Produkte der Empfängnis«. Nun, das war Carl einst, und das war ich auch einmal.

Begriffe, die man tunlichst vermeidet, sind z.B. »töten« und »Mord«. Sie wurden auch von Ärzten vermieden, die damals in den Nazi-Konzentrationslagern die Auswahl der Opfer trafen und überwachten. Als Erben der stolzen medizinischen Tradition Europas flüchteten sie sich in komplizierte geistige Klimmzüge, um die moralische und wissenschaftliche Legitimation für Hitlers verrückte rassistische und biologische Vorstellungen zu liefern. In einer Welt, die seit jenen Unmenschlichkeiten um vierzig Jahre weiter fortgeschritten ist, sprechen wir von Freiheit, von der Befreiung der Frau, vom Recht der Bestimmung über unseren eigenen Körper. Wir betrachten uns als aufgeklärt und emanzipiert, während wir immer teuflischeren Arten der Selbstanbetung und Abgötterei verfallen (wenn diese auch bestens berechnet und sorgfältig durchrationalisiert sind).

Wenn jemand so unfein ist und die Dinge beim Namen nennt (d.h. Abtreibung als Mord bezeichnet), dann wird er angeklagt (wie in der »Time« vom 30. Juli 1979 geschehen), daß er »eine gehässige Propaganda treibt, andere Menschen belästigt und ihre Bürgerrechte mißachtet... indem er ihnen seine eigenen moralischen Maßstäbe aufzwingt«. Es war Uta Landy, ausführende Direktorin der Nationalen Abtreibungs-Vereinigung in New York, die das schrieb.

Sollen wir, wie die Nationalsozialisten damals, um das reale Entsetzen zu vermeiden, solche Formen der Selbsttäuschung aufs neue praktizieren und auf harmlose und irreführende Begriffe wie »Prozedur« oder »Verlust« statt »Tötung« bestehen, oder »Gewebe« statt »Kind« sagen? Während wir pharisäisch die Maßnahmen der Regierung von

Malaysia gegenüber den armen »Boat People« beklagen (der damalige Innenminister Ghazali bin Shafie hatte erklärt: »Die Vietnamesen werfen uns ihren Abfall in den Garten!«), rationalisieren und legalisieren wir gleichzeitig die Beseitigung von Zehntausenden von anderen Lebewesen – wie sollen wir sie nennen, wenn nicht Menschen? Wir halten es sogar für unsere Pflicht, ihre Entfernung zu erleichtern und zu finanzieren.

Die Ironie des Artikels in »The New Yorker« über Malaysia ist nicht zu übersehen. Es ist nämlich erst einige Monate her, daß man dort entsetzte Hände hob über diejenigen, die »das Recht der Wahlfreiheit« im Hinblick auf Abtreibung beanstandeten. Jetzt betont man plötzlich, daß es zur Politik unserer Regierung gehört, die Menschenrechte auf der ganzen übrigen Welt zu verteidigen. Trotzdem wurde ein Volk der Erde »auf hoher See ausgesetzt, und nirgendwo gibt es einen zuverlässigen Zufluchtsort für diese Wesen.«

Wir, die wir beanspruchen, moralische Verantwortung für Flüchtlinge und die in der Welt Abgewiesenen zu tragen, wollen daran denken, daß jetzt eine andere Gruppe menschlicher Lebewesen auf dieser Erde dem »Auswahlverfahren« zur Vernichtung anheimfällt. Man klagt uns der mangelnden Sensibilität an, wenn wir die schwarzen Müllsäcke oder die ätzenden Salzlösungen oder die Zerstückelung der in der Gebärmutter wachsenden Wesen erwähnen, aber soll es in der ganzen weiten Welt keinen »zuverlässigen Zufluchtsort« für sie geben?

Wir wollen diese Frage in der Stille vor Gott bewegen, der das alles sieht. »Herr, du erforschest mich und kennest mich... Denn du hast meine Nieren bereitet und hast mich gebildet im Mutterleib. Es war dir mein Gebein nicht verborgen, als ich im Verborgenen gemacht wurde, als ich gebildet wurde unten in der Erde. Deine Augen sahen mich, als ich noch nicht bereitet war, und alle Tage waren in dein Buch geschrieben, die noch werden sollten und von denen keiner da war... sieh, ob ich auf bösem Wege bin, und leite mich auf ewigem Wege« (Ps 139,1.13.15 – 16.24).

Was willst du mir sagen für mein Leben mit dir?

Eine Stadt mit Namen Nazareth

Es gibt eine Stadt in Galiläa mit Namen Nazareth. Vor Jahren kam ich an einem kalten Novembernachmittag auf der Durchreise hier vorbei. Oberflächlich betrachtet wirkte der Ort ziemlich langweilig und bedeutungslos. Doch dieser Eindruck verwischte sich sofort, als ich darüber nachdachte, was vor fast zweitausend Jahren in einem dieser unscheinbaren kleinen Häuser vor sich gegangen war. Der schriftlich überlieferte Bericht ist ziemlich spärlich.

»Und im sechsten Monat wurde der Engel Gabriel von Gott gesandt in eine Stadt in Galiläa, die heißt Nazareth« (Lk 1,26). Ein einfacher Aussagesatz. Kein überflüssiges Wort, keine Superlative. Keine Lichteffekte, keine Geräuschkulisse, keine vorherige Ankündigung kommender, aufsehenerregender Ereignisse. Ein Engel unternimmt eine Reise – so etwas soll man sich vorstellen –, wird von Gott in eine Stadt geschickt. Diese Tatsache ist auf die knappste Form zusammengedrängt.

Wer war der Engel? Nicht nur irgendein Engel, sondern einer, der einen Namen hat. Wir sind ihm schon an anderer Stelle in der Bibel begegnet. Etwa 500 Jahre früher, im ersten Jahr der Regierungszeit des Königs Darius, des Königs der Chaldäer, wurde Gabriel zu einem Mann namens Daniel geschickt. Der göttliche Autor der Heiligen Schrift, der auch der göttliche Auftraggeber des Engels ist, legte für diese Begegnung haargenau den Platz fest, den bestimmten Mann, den genauen Zeitpunkt der menschlichen Geschichte, und, so unglaublich das klingt, auch noch die Tageszeit.

Daniel betete gerade – es war zur Zeit des Abendopfers –, als Gabriel zu ihm kam.

Wie schnell flog er? Amy Carmichael, die später eine berühmte Missionarin in Indien wurde und eine ganze Reihe von Büchern schrieb, berichtet von einer Unterhaltung mit einem Geistlichen im

Jahr 1887. Dieser hatte sich die Reise Gabriels zur Erde bildhaft ausgemalt und war zu folgenden Vorstellungen gelangt:

>»Vielleicht war er sechs, bestimmt aber nicht mehr als zehn Stunden unterwegs. In der ersten Stunde ließ er das Firmament der Welt hinter sich, in der er normalerweise lebte. Dann durchquerte er die große Einöde des Universums, wo kein einziger Stern sichtbar war und wo das schwarze Gewölbe oben, unten und rund herum nur von entfernten Nebelschwaden durchzogen war. So war er allein mit Gott und vermutlich empfing er in der ernsten Stille dieses einsamen Fluges im Innersten seines Geistes die prophetische Botschaft, die er zur Erde tragen sollte.
> Stundenlang hielt die gleiche schreckliche Erhabenheit der nebulösen Szenerie an, und trotzdem erzeugte die ungeheure Schnelligkeit seines Fluges ein wechselndes Panorama um ihn herum.
> Gegen Ende seines Weges wurde sein Flug auf einen besonderen Nebelschwaden gelenkt. Es war unsere Milchstraße, die bis jetzt nichts weiter als ein kleiner Fleck in der unendlichen Nacht gewesen war. Nachdem er in den Bereich der Milchstraße gelangt war, fiel sein Auge nun auf einen unauffälligen, matt leuchtenden Stern, der all seine Aufmerksamkeit fesselte. Weiter flog er, vorbei am Sirius, der heller glänzte als alle Sterne um ihn herum, am Orion mit seinem Wolkenschwert, am Siebengestirn, diesem weiten System von Sonnen, um die sich unsere eigene zu drehen scheint, am Kreuz des Südens, am Neptun, am Uranus, am Saturn, Jupiter und Mars – weiter und weiter, schneller als das Licht fliegt der Engelbote, bis er schließlich seine Hand auf den am Boden liegenden Daniel legt. Es ist um die Zeit des Abendopfers!«

Meine Leser werden sagen: Das ist reine Spekulation. Aber wie ist der Engel dann zu Daniel gekommen? »Engel sind dienende Geister«, werden Sie mir antworten. »Sie müssen nicht im physikalischen Sinn reisen wie wir.« Vielleicht nicht. Aber an irgendeiner Stelle mußte Gabriel sich des Physikalischen bewußt werden, vielleicht bei seinem Eintritt in unser *Universum*, vielleicht auch erst bei seinem Eintritt in das unscheinbare Steinhaus in Nazareth. So ähnlich stelle ich mir seine Reise zu unserem Planeten vor, als ihm befohlen wurde, nach Nazareth zu gehen. Unbeirrbar fand er die kleine unansehnliche Stadt, die staubige Straße, das richtige Haus. Gehorsam trat er ein und stand vor dem erstaunten Mädchen. Und – o große Überraschung – er sprach in ihrer eigenen Sprache. »Sei gegrüßt, du Begnadete! Der Herr ist mit dir!« Sie ist zutiefst beunruhigt. Sie wundert sich, was wohl dieser fremde Gruß bedeuten soll. Der Engel schaut ihr ins Gesicht und versteht, was in ihrem Herzen vor sich geht. Können wir uns den Ton seiner Stimme vorstellen? Die Stimme eines Engels, der im Dialekt von Nazareth spricht, ruhig und leise, denn vermutlich waren Marias Eltern in der Nähe. Sicherlich hat er auch in sanftem Ton zu dem erschrockenen Mädchen geredet: »Fürchte dich nicht, Maria (er wußte sogar ihren Namen), du hast Gnade bei Gott gefunden. Siehe, du wirst schwanger werden und einen Sohn gebären; und du sollst ihm den Namen Jesus geben... Sohn des Höchsten... er wird König sein über das Haus Jakob in Ewigkeit... Gottes Sohn... Denn bei Gott ist kein Ding unmöglich.«

Maria war kein schwaches Mädchen, schüchtern und ohne Feuer, Vorstellungskraft und Initiative. Die folgenden Handlungen beweisen das. Aber sie war demütig. »Schwach« und »demütig« sollte man nicht miteinander verwechseln. Sie war demütig, wie Moses demütig war – stark genug und heilig genug, um ihren Platz im Herrschaftsbereich Gottes zu erkennen. Gedanken über das Gerede der Leute, was Josef wohl sagen würde, oder wie sie jemals ihre Umwelt davon würde überzeugen können, daß sie nicht untreu gewesen war, wurden sofort beiseite geschoben. »Ich bin des Herrn Magd«, sagte sie, »mir geschehe, wie du es gesagt hast.«

Die Mission war ausgeführt. Der Engel verließ sie, so heißt es im Bericht der Bibel. Er kehrt zurück zu Gott – an Mars, Jupiter, Saturn, Uranus, dem Kreuz des Südens vorbei und durch die Milchstraße hindurch, fliegt in das schwarze Gewölbe hinein, das der Geistliche in seiner Vision als sternlos bezeichnet hatte, und schließlich durch das Firmament der Welt, in der die Engel wohnen, wo der Wille Gottes in allen Himmeln und Firmamenten immer und zu jeder Zeit getan wird – immer und vollkommen.

Auch Gabriel hatte gehorcht. Er hatte eine Botschaft ausgerichtet. Und nun brachte er eine Botschaft zurück: Auf diesem Planet, auf den du mich gesandt hast, in Galiläa, in einer kleinen Stadt mit Namen Nazareth, in dem Haus, in das du, Gott, mich gesandt hast – hat das Mädchen mit Namen Maria »ja« gesagt.

»Ich weiß nicht, warum der, den Engel ehren,
sollt seine Liebe hängen an die Menschenkinder...
Doch dieses weiß ich: daß Maria ihn gebar!«

Allein mit Gott

Ein sehr großer Mann, in eine grobe Wolldecke eingewickelt, allein an einem Stuhl kniend – wenn ich an meinen Vater denke, der im Jahr 1963 starb, ist das oft das erste Bild, das mir in der Erinnerung aufsteigt. Lebenslang war es seine Gewohnheit, morgens früh aufzustehen – meist zwischen 4.30 und 5.00 –, um seine Bibel zu lesen und zu beten.

Wir haben ihn zwar während dieser »Stillen Zeit« nicht oft beobachtet (er zog es vor, ganz allein zu sein), aber wir waren es gewohnt, ihn auf den Knien zu sehen. Jeden Morgen nach dem Frühstück hielt er eine Familienandacht mit Gebetsgemeinschaft. Zuerst sangen wir ein Loblied, dann las er uns einen Abschnitt aus der Bibel vor, und dann knieten wir alle zum Gebet nieder. Als wir älter wurden, ermutigte er uns auch dazu, allein zu beten.

Es gibt nur wenig Menschen, die mit dem Alleinsein etwas anfangen können, wenn es ihnen aufgezwungen wird. Und noch weniger Menschen ziehen sich regelmäßig bewußt in die Einsamkeit zurück. Das heißt nicht, daß wir die Gebetsgemeinschaft mit anderen Christen vernachlässigen sollten (Hebr 10,25), aber die Grundlage unseres geistlichen Lebens ist unsere eigene, ganz persönliche Beziehung zu Gott.

Mein Vater war ein aufrichtiger und demütiger Nachfolger Jesu und wollte gern dessen Beispiel nachahmen, und von ihm heißt es ja: »Und am Morgen, noch vor Tage, stand er auf und ging hinaus. Und er ging an eine einsame Stätte und betete dort« (Mk 1,35).

Christen dürfen (und sollen) zu jeder Zeit und *überall* beten, aber ohne eine bestimmte Zeit und einen Platz, an dem wir mit Gott allein sind, kommen wir nicht zurecht. Die meisten Menschen finden es nicht leicht, am frühen Morgen zu beten. Ich frage mich aber, ob es jemals leicht ist.

Tatsache ist, daß der frühe Morgen vermutlich die einzige Zeit ist, in der wir einigermaßen sicher sein können, nicht unterbrochen zu werden. Wohin können wir uns zurückziehen? Ins »Kämmerchen«, sagt der Herr in Matthäus 6,6, womit er wohl einen Platz meint, an dem wir vor den Augen und Ohren anderer geschützt sind. Jesus stieg auf einen Berg, ging in die Wüste oder in einen Garten. Die Apostel suchten das Ufer des Meeres auf oder das Obergeschoß eines Hauses. Petrus stieg aufs Dach.

Wir finden vielleicht buchstäblich ein »Kämmerchen« oder ein Bad oder ein geparktes Auto. Vielleicht machen wir auch einen Spaziergang und beten dabei. Auf jeden Fall müssen wir das Beten einplanen, müssen jeden Tag eine Zeitlang mit Gott allein sein, um mit ihm zu reden und auf das zu hören, was er uns sagen will.

Die Bibel ist Gottes Botschaft an jedermann. Wir machen uns selbst etwas vor, wenn wir behaupten, hören zu wollen, aber den Hauptkanal, durch den uns seine Stimme erreicht, nicht einschalten. Wir müssen sein Wort lesen. Wir müssen ihm gehorchen. Wir müssen es umsetzen, d.h. es unser ganzes Leben hindurch immer wieder aufs neue lesen. Ich glaube, mein Vater las die ganze Bibel etwa vierzig Mal von vorn bis hinten durch.

Wenn wir Gottes Stimme hören – was antworten wir ihm dann? In einer Notsituation oder wenn wir plötzlich Hilfe brauchen, kommen uns die Worte leicht über die Lippen: »O Gott!« oder »Herr, hilf!« In unserer Stillen Zeit sollten wir allerdings auch daran denken, daß wir nicht auf der Welt sind, um Gott zu belästigen, sondern um ihn anzubeten.

Die ganze Schöpfung preist ihn immerdar – die Winde, die Gezeiten, die Ozeane, die Flüsse. Sie regen und bewegen sich im Gehorsam ihm gegenüber. Die Singvögel und die Beuteltiere, die DNS-Informationen in den Zellen, die Sterne in ihrem Lauf, die singenden Wale und die feuerglühenden Seraphine tun ohne Widerspruch und Nachlässigkeit, wozu ihr Schöpfer sie beauftragt hat – und auf diese Weise loben sie ihn.

Wir lesen in der Bibel, daß unser himmlischer Vater tatsächlich Ausschau hält nach Menschen, die ihn in Geist und Wahrheit anbeten. Stellen wir uns das doch einmal vor! Gott sucht nach Anbetern! Ob er da wohl immer in die Kirche gehen muß, um sie zu finden, oder ob es auch hier und da jemand gibt, der in einem gewöhnlichen Haus allein vor einem Stuhl kniet und ihn ganz schlicht anbetet?

Wie geschieht Anbetung? Anbetung ist nicht einfach selbstlos. Wer anbetet, ist sich gar nicht mehr bewußt, daß das Ich existiert Er geht ganz und gar in dem auf, was er anbetet.

Es kann vorkommen, daß uns auf einem menschlichen Antlitz ein Ausdruck von Anbetung begegnet. Bei einer Trauzeremonie mag der Bräutigam den Eindruck erwecken, daß er die ihm entgegenkommende Braut anbetet. Doch meistens drehen sich auch ein paar seiner Gedanken um ihn selbst: Wie mag er in diesem komischen Rüschenhemd aussehen, zu dem sie ihn überredet hat? Wo soll er mit seinen Händen hin in diesem Augenblick? Was passiert, wenn er beim Trauversprechen die Worte verwechselt?

Ich habe auch mehr als einmal eine Art Anbetung auf Gesichtern in einer Menschenmenge erlebt, die sich um eine berühmte Persönlichkeit drängte – doch nur dann, wenn die Menschen nicht auf die anwesenden Fernsehkameras achteten, und wenn nicht die geringste Aussicht bestand, daß der Star oder die berühmte Persönlichkeit sie bemerken könnte. Ein paar Sekunden lang hatten sie sich selbst total vergessen.

Wenn ich morgens noch ein bißchen schläfrig aus dem Bett stolpere, mir ein Hauskleid anziehe und in mein Arbeitszimmer gehe, kommen mir die Worte für ein Gebet auch nicht spontan über die Lippen, jedenfalls nicht mehr als: »Lieber Herr, hier bin ich wieder, um mit dir zu reden. Es ist noch ziemlich kalt. Ich fühle mich auch durchaus nicht in geistlicher Hochstimmung...« Wer kann so etwas Morgen für Morgen durchhalten, wer schafft es, Tag um Tag ein offenes Ohr für so etwas zu haben?

Ich brauche Hilfe, um Gott anbeten zu können. Und nichts hilft mir mehr, als die Psalmen. Da begegnen uns spontane menschliche Äußerungen – des Lobes, der Anbetung, der Qual, der Klage, des Flehens. Über diesen Aufschreien liegt eine Atmosphäre der Unmittelbarkeit und der Glaubwürdigkeit. Es ist ungeheuer tröstlich, daß selbst David, der große König, über Einsamkeit klagt, über seine Feinde, seine Schmerzen, seine Sorgen und Ängste. Doch dann wendet er sich ab von dem, was ihn umtreibt, schaut auf zu Gott und beginnt, ihn zu loben.

Er hat sein Lob auf eine Art ausgedrückt, die weit über meine Fähigkeiten hinausgeht. So benutze ich seine Weise der Anbetung und fühle mich über mich selbst hinweggehoben, in die höheren Regionen echter Anbetung, auch wenn ich dieselbe normale Frau bin, die allein in ihrem kleinen Zimmer sitzt.

Ein anderes Hilfsmittel zur Anbetung sind für mich von jeher die großen Kirchenlieder gewesen, wie z.B. »Nun lob mein Seel den Herren«, »All Morgen ist ganz frisch und neu«, »Bleibend ist deine Treu«, »Gloria sei dir gesungen...«, »Kommt lasset uns anbeten«. Es muß Gott froh machen, wenn wir ihm singen:

»Auf Seele, Gott zu loben, gar herrlich steht sein Haus,
er spannt den Himmel droben wie einen Teppich aus...

Gott hat das Licht entzündet, er schuf des Himmels Heer,
das Erdreich ward gegründet, gesondert Berg und Meer
Die kühlen Brunnen quellen im jauchzend grünen Grund
die klaren Wasser schnellen aus Schlucht und Bergesrund.

Vom Tau die Gräser blinken, im Wald die Quelle quillt,
daraus die Tiere trinken, die Vögel und das Wild.
Die Vögel in den Zweigen lobsingen ihm in Ruh,
und alle Bäume neigen, ihm ihre Früchte zu...«
                                                    Martha Müller-Zitzke

Das ist Gotteslob. Indem wir die Dinge auf der Erde in Worte fassen, für die wir ihm danken, üben wir uns darin, mehr auf sie zu achten, unser Leben bewußter zu leben. Sonst kann es leicht geschehen, daß wir die tausend und abertausend Beweise seiner Fürsorge völlig übersehen. Haben Sie schon mal daran gedacht, ihm für Licht und Luft zu danken, weil darin seine Fürsorge sichtbar und spürbar wird?

Kirchenlieder verbinden oft Lob und Bitten, die in diese Zeit des Alleinseins mit Gott auch hineingehören. Das wundervolle Morgenlied: »Wach auf, mein Herz und singe« hat die schönen Strophen:

»Du sprachst: Mein Kind nun liege;
trotz' dem, der dich betrüge; schlaf wohl, laß dir nicht grauen,
du sollst die Sonne schauen.

Dein Wort, das ist geschehen;
ich kann das Licht noch sehen, von Not bin ich befreit,
dein Schutz hat mich erneuet.

So wollst du nun vollenden
dein Werk an mir und senden, der mich an diesem Tage
auf seinen Händen trage.

Du willst ein Opfer haben,
hier bring ich meine Gaben: mein Weihrauch und mein Widder
sind mein Gebet und Lieder.«

Paul Gerhardt

Der Anbetung sollte das Sündenbekenntnis folgen. Manchmal fällt mir nichts ein, das ich bekennen müßte. Das ist aber im allgemeinen ein Zeichen dafür, daß ich nicht sehr aufmerksam gewesen bin. Ich habe es dann nötig, in der Bibel zu lesen. Wenn ich das betend tue, wird der Heilige Geist mir die Augen an dieser Stelle öffnen, und sehr bald fallen mir Dinge ein, die ich getan habe, obwohl ich sie unterlassen sollte und Dinge, die ich unterlassen habe, obwohl ich sie tun sollte.

Manchmal schließe ich an das Sündenbekenntnis das Glaubensbekenntnis an, d.h. das Aussprechen dessen, was ich glaube. Es gibt einige formulierte Glaubensbekenntnisse, die hier hilfreich sein können. Oder man sagt einfach die Worte: »Christus ist gestorben, Christus ist auferstanden, Christus wird wiederkommen. Herr, ich glaube, hilf meinem Unglauben.«

Dann kommt die Fürbitte – die härteste Arbeit der Welt. Sie bedeutet, daß ich mich selbst, meine Zeit und Kraft, Energie und Aufmerksamkeit der Not anderer Menschen zuwende in einer Art und Weise, die nur Gott sieht. Er allein ist es, der etwas gegen diese Not tun wird. Und auch nur Gott wird uns jemals für diese Arbeit belohnen.

Wissen Sie, wie man für Menschen betet, von denen man länger nichts mehr gehört hat? Ich weiß es nicht. Darum spreche ich oft die Gebete des Neuen Testaments nach – sie sind so umfassend, so unmittelbar auf wahre und ewig wichtige Dinge gerichtet, wie z.B. das Gebet des Paulus für die Epheser: »Ich bitte ihn, daß... ihr fest in der gegenseitigen Liebe verwurzelt und... begreifen lernt... wie unermeßlich die Liebe ist, die Christus zu uns hat« (Eph 3,17 – 19, Gute Nachricht).

Oder ich benutze sein Gebet für die Kolosser: »(Wir beten, daß ihr) gestärkt werdet mit aller Kraft durch seine herrliche Macht zu aller Geduld und Langmut« (Kol 1,11).

Mein eigenes geistliches Leben ist weit davon entfernt, vorbildlich zu sein. Ich habe aber fast mein ganzes Leben lang versucht, eine bestimmte stille Zeit mit Gott regelmäßig einzuhalten, wenn ich auch viele Fehler gemacht und immer wieder versagt habe. Manchmal, aber wirklich nur manchmal, ist es unmöglich, diese Zeit einzuhalten. Unser himmlischer Vater kennt auch diese Situationen ganz genau. Er versteht vollkommen, warum Mütter ihre kleinen Kinder mitbringen müssen, wenn sie mit ihm reden wollen.

Es ist für die meisten von uns fast immer möglich, mit einiger Mühe und einem festen Plan und dem Willen zum Gehorsam eine Zeit des Alleinseins mit Gott einzuhalten. Ich bin ganz sicher, daß ich geistlich immer an Kraft verloren habe, wenn ich diese Zeit nicht hatte. Und ich kann mit dem Psalmisten sprechen: »Nach deinen Vorschriften zu leben, freut mich mehr als großer Besitz« (Ps 119,14, Einheitsübersetzung).

Leben ohne Risiko

Die Risiken, die den Leuten heutzutage und in Zukunft begegnen werden, sind sicherlich anderer Natur als diejenigen, die sie bisher gewohnt waren. Ich habe gelesen, was Dickens und Kipling über das Reisen zu ihrer Zeit berichten. Der Grund, weshalb ich gerade jetzt Dickens und Kipling lese, wo ich mich gleichzeitig mit Solschenizyn und C.S. Lewis beschäftige, liegt darin, daß eine Freundin mich bat, mich um einige Bücher zu kümmern, die sie gerade von einer reichen Tante geerbt hatte. (Mit C.S. Lewis werde ich übrigens nie fertig. Wenn ich eins von seinen Büchern ausgelesen habe, fange ich gleich wieder von vorne an, weil mich seine Argumente immer so vollständig überzeugen, ich aber dann nicht in der Lage bin, sie für andere wiederzugeben. So lese ich dann das Ganze noch einmal.)

Doch ich wollte über Risiken schreiben. Dickens beschreibt eine Reise ins schottische Hochland:

>»Als wir sicher am anderen Ufer gelandet waren, kam ein wilder Hochländer angeritten. Sein großes Tuch flatterte im Wind, und er begann in Gälisch dem Postjungen am anderen Ufer etwas zuzuschreien. Dabei machte er die wildesten Gesten... der Junge, Pferde und Wagen stürzten ins Wasser, so daß nur noch die Köpfe der Pferde und der Körper des Jungen zu sehen waren... der Mann wurde fast verrückt vor Fuchteleien... der Wagen trieb kreiselnd im Wasser herum wie ein großer Stein. Der Junge war totenblaß geworden, die Pferde kämpften und platschten und schnaubten wie Nilpferde. Wir alle brüllten den Treiber an, abzuspringen und Pferde und Wagen zum Teufel gehen zu lassen, als plötzlich alles wieder in Ordnung kam (sie hatten seichtes Wasser erreicht) und Tiere

und Junge triefend und sich wälzend und stoßend hochkamen und schließlich aufs feste Land kletterten.«

Kipling schaut in einer Rede, die er vor mehr als sechzig Jahren vor der Königlich-Geographischen Gesellschaft hielt, in die Zukunft und stellt Betrachtungen an über mögliche Luftreisen:

>»Bald – sehr bald – werden wir dahin kommen und zweihundert Meilen auf irgendeinem Teil der Erde nur noch im Zusammenhang mit normierten Zeiteinheiten sehen und messen. Zwei Stunden bedeuten z.B. für eine Infanteriekolonne zu Fuß fünf Meilen, für eine Kavallerieeinheit zehn Meilen, für ein Cape-Car (ein starker zweirädriger Wagen, der in Südafrika benützt wird) zwölf Meilen und fünfzig für ein Auto. Und es wird gar nicht mehr lange dauern, dann bewegen wir uns noch schneller. Und ob sich dann eine Wüste oder ein Dutzend Gebirgszüge im Bereich dieser zweihundert Meilen befinden, so verändert das den Fahrplan auch nicht um fünf Minuten.«

Das Reisen ist heute wie zu allen Zeiten mit Risiken verbunden. Denken wir z.B. an eine Flugreise. Da gibt es tatsächlich ein totales Risiko: den Absturz. Doch die meisten Menschen, die in ein Flugzeug einsteigen, rechnen nicht ernsthaft mit dieser Möglichkeit. Risiken, die keinen besonderen Mut erfordern, sind uns viel bewußter. Das Wetter, die geographische Lage, die Frage der Versorgung mit Lebensmitteln und Wasser berühren uns kaum. Wir erwarten, daß das Flugzeug, die Radargeräte, die Piloten, die Flugzeugmechaniker, die Köche und die Stewardessen das Ihre tun und denken nach dem Start gar nicht mehr an sie. Stattdessen beschäftigen wir uns mit Überlegungen, ob wir wohl zwischen zwei Leuten zu sitzen kommen, die eventuell ziemlich korpulent sind und beide Armlehnen beschlagnahmen, ob wir genug Beinfreiheit haben, nachdem wir unser Handgepäck unterm Sitz unseres Vordermannes verstaut haben, und ob vielleicht ein redelustiger Nachbar unsere Absicht zunichte macht, uns auf diesem Flug von Küste zu Küste in ernsthafte Lektüre zu vertiefen.

In der Tasche des Sitzes steckt eine weiße Papiertüte, die uns an ein anderes Risiko erinnert: Unwohlsein – ein Begriff, der inzwischen einen anderen ersetzt hat, der weit schlimmer klingt: Luftkrankheit.

Beim Start ertönt die Stimme der Stewardeß über den Lautsprecher, während eine ihrer Kolleginnen durch Gebärden zum Ausdruck bringt, wo wir den Notausgang finden können und was wir im kaum zu erwartenden Fall eines Druckabfalls in der Kabine tun müßten. Wir geben gar nicht acht auf das, was sie sagt.

Der Apostel Paulus war dreimal schiffbrüchig. Vierundzwanzig Stunden trieb er im offenen Meer. Er schrieb später an die Korinther:

> »Ich bin oft gereist, ich bin in Gefahr gewesen durch Flüsse, in Gefahr unter Räubern, in Gefahr unter Juden, in Gefahr unter Heiden, in Gefahr in Städten, in Gefahr in Wüsten, in Gefahr auf dem Meer, in Gefahr unter falschen Brüdern; in Mühe und Arbeit, in viel Wachen, in Hunger und Durst, in viel Fasten, in Frost und Blöße« (2. Kor 11,26 – 27).

Nun, Paulus, ich möchte dir einmal etwas erzählen: Bei einem Transozeanflug – in einem Ding, das man Jumbo-Jet nennt, schaute sich meine Tochter einmal eine Stunde lang einen Film an, bevor sie merkte, daß das Audio-Kabel, das sie sich in die Ohren gesteckt hatte, zu einem anderen Film gehörte. (Was meine ich mit »Flug«? »Film«? »Audio-Kabel«? Mach dir keine Gedanken darüber, Paulus. Das sind alles Risiken, mit denen du nie zu kämpfen hattest.) Und am schlimmsten war dann, daß die Leselampen nicht brannten, keine Seife im Waschraum war, keine Decken und Kissen zur Verfügung standen, obwohl die Klimaanlage nur allzu gut funktionierte, und daß das Abendessen um elf Uhr abends und das Frühstück um ein Uhr mittags serviert wurde.

Wir haben unsere Risiken, natürlich. Aber wie oft waren wir schon solchen physischen Entbehrungen ausgesetzt, die früher einen echten Test für den Charakter eines Menschen und für seine Ausdauer darstellten? Wir haben keine Ahnung, was es bedeutet, wenn man tage-, wochen- oder gar monatelang nichts als die eigenen zwei Füße hat, um sich damit fortzubewegen. Und wenn man dann in umgekehrter Richtung mit eben den gleichen beiden Füßen jeden Schritt zurückgehen muß, wenn man jemals in den Bereich der Zivilisation zurückkehren will. Wir kennen die Panik nicht, die in völliger Isolation von der Außenwelt entsteht. Wenn ein Buch über die »Überlebenden der Anden« erscheint, wird es zum Bestseller, weil uns irgendwie aufgeht, welche hermetische Abriegelung unsere Zivilisation bedeutet.

Eine uralte Sehnsucht nach Gefahr, nach Herausforderung, nach Einsatz und Opfer regt sich in uns – in uns, die wir uns gegen das Wetter durch Heizung und Klimaanlagen, durch wasserdichte Kleidung und wärmedämmende Fensterscheiben abriegeln, gegen Wanzen, Keime, Schädlinge und Gerüche durch Insektizide, Unkrautvertilgungsmittel, Desinfektionsmittel, Deodorants und andere Gegenmittel schützen, gegen Armut durch Sozialversicherungen, gegen Diebe durch Banksafes, Sicherheitsschlösser und Alarmanlagen, gegen das Teilnehmen am Leiden anderer, indem wir sie an Menschen abgeben, die die Pflege übernehmen, gegen Schuld, indem wir eine alte Unmoral eine neue Moral nennen, oder indem wir uns einer Gruppe anschließen, die jeden ermutigt, das zu tun, was er für richtig hält und wobei er sich gut fühlt.

Wir möchten in nichts hineingezogen werden, wenn wir es irgendwie vermeiden können. Wir versuchen, uns nicht umzudrehen, wenn jemand schreit. Verantwortung für andere möchten wir am liebsten an Institutionen delegieren – auch an unsere Regierung –, schließlich ist es ihre Aufgabe, mit diesen Problemen fertig zu werden, denken wir.

Vor Jahren sagte einmal ein Mann im Fernsehen, was Amerika vor allem brauche, sei etwas mehr Ehrlichkeit. Wegen der Entwicklung der Technologie, so sagte der Mann, seien die Menschen viel abhängiger voneinander geworden als bisher (oh?), und deshalb brauchten wir mehr Aufrichtigkeit (oh!). Wahrscheinlich, so räumte er ein, seien unsere Maßstäbe nie das gewesen, was sie sein sollten, und es sei an der Zeit, sie ein wenig höher anzusetzen.

Und was wollen wir nun tun? Tief Luft holen und beginnen – jetzt alle zusammen –, ehrlich zu sein?

Der Mann hatte eine Idee, aha! Ich wartete begierig und gespannt, zu hören, was das sein könnte. »Popularisieren«, schlug er vor. Ehrlichkeit sollte zur Mode werden. Wenn jeder sie praktiziert, wird es ganz einfach sein. Dieser blauäugige Mann sagte uns doch tatsächlich, dadurch würde Ehrlichkeit kein Risiko mehr darstellen.

Komisch, ich hatte immer gedacht, Aufrichtigkeit sei eine riskante Sache. Ich lernte, daß sie nicht leicht zu praktizieren sei, und ich fand das auch bestätigt, als ich es damit versuchte. Es ist äußerst unwahrscheinlich, daß Ehrlichkeit jemals leicht oder populär sein wird.

»Ich fordere keine Veränderung der menschlichen Natur oder etwas Ähnliches«, erklärte der Mann im Fernsehen, »es geht nur um eine veränderte Einstellung.« Die naive Arglosigkeit, mit der die Bemerkung gemacht und vom TV-Moderator akzeptiert wurde, war atemberaubend.

Ich bin durchaus für Zivilisation. Ich begrüße die meisten Ergebnisse des Fortschritts und akzeptiere gerne fast alle der heutigen Mittel, mit denen man die Risiken vermeiden kann, mit denen Dickens und Kipling und die übrige Menschheit vor ihnen sich herumschlagen mußten. Aber sich vorzustellen, daß wir die Unaufrichtigkeit der sündigen menschlichen Natur einfach so schmerzlos abwerfen sollen, wie wir ein Gewand ablegen und ein anderes anziehen, sich vorzustellen, daß wir einfach nur einen anderen Blickwinkel einnehmen müssen, um plötzlich mit einer risikofreien Aufrichtigkeit dazustehen, das ist in meinen Augen eine Selbsttäuschung und Albernheit, die ich nicht begreifen kann.

Plato sagte dreihundert Jahre vor Christus voraus, falls jemals ein wahrhaft guter Mensch erscheinen sollte und dieser Mensch die Wahrheit sagt, dem würde man die Augen ausstechen und ihn zum Schluß kreuzigen.

Der Mann erschien. Er nahm das Risiko auf sich – in vollem Maß. Er sagte der Welt die Wahrheit über ihr Wesen und erhob sogar gleichzeitig den grotesken Anspruch: »Ich bin die Wahrheit.« Wie Plato es vorhergesehen hatte: der Mann wurde gekreuzigt.

Er ruft uns immer noch in seine Nachfolge, und die Bedingungen haben sich nicht geändert: »... der verleugne sich selbst und nehme sein Kreuz auf sich...« (Mt 16,24).

Der direkte Weg nach Hause

»Später sagte er zu Majorie: Brenda versuchte heute abend, vertraulich über Beaver zu reden...
Ich wußte nicht, daß du es schon wußtest.
Oh, ich wußte es sehr gut. Aber ich wollte nicht, daß sie sich wichtig vorkam, indem wir darüber sprachen.«
(aus Evelyn Waugh: »Eine Handvoll Staub«)

Ein Christ, der seit vielen Jahren Alkoholiker betreut, die seine Hilfe wünschen, sagte einmal: »Ich mache immer von Anfang an deutlich, daß ich nichts mehr davon wissen will, in welchem Sumpf sie gewesen sind. Das kenne ich alles. Jetzt gilt für mich nur noch die Frage: Wo wollt ihr hin?«

»Sie ist monatelang bei einem Psychiater gewesen und sagt, er sei wirklich phantastisch. Sie sagt, daß sie gerade erst zu verstehen beginnt, warum sie sich ihrem Mann gegenüber so benommen hat.«
»Aber muß sie das wirklich alles wissen?«

Die meisten Menschen sprechen gern über sich selbst, über ihre Probleme, über ihre Eskapaden. Einige Fehler möchte man verteidigen (»An dem Tag ging es mir gerade nicht gut«) und eigenes Versagen erklären (»Ich konnte meine Gedanken einfach nicht zusammenkriegen«). Leute, die uns zuhören, geben uns ein Gefühl von Wichtigkeit. Die Psychoanalyse nimmt uns nicht nur die volle Verantwortlichkeit für unser schlechtes Verhalten ab, sondern vermittelt uns sogar eine gewisse Würde. Sünde dagegen ist etwas absolut Würdeloses. Wir verleihen ihr aber Ansehen, indem wir ihr einen anderen Namen geben. »Trauma«, »Verletzungen«, »Syndrome« – und plötzlich werden die ganz normalen menschlichen Reaktionen danach bewertet und haben nichts Verwerfliches mehr an sich. Wir möchten viel lieber über »Prozesse« und »Symptome« diskutieren, als die radikale Kehrtwendung vollziehen, die man als Reue und Buße bezeichnet. Es ist viel angenehmer, besänftigt als zur Verantwortung gezogen zu werden. Solange wir uns einer Behandlung unterziehen oder in Beratung sind, können wir eine Entscheidung aufschieben.

Ich möchte keinesfalls die Psychologie schlecht machen, solange ihr die Theologie nicht auf Gedeih und Verderb ausgeliefert ist. Das allerdings wäre gefährlich.

Die Psychologie mag eine Wissenschaft sein, aber sie ist mit Sicherheit keine exakte Wissenschaft. Die Psychiatrie ist sogar noch weniger exakt, obwohl sie in unserer Zeit höchste Autorität erlangt hat. Ein Theologe hat sie den »Antichrist des zwanzigsten Jahrhunderts« genannt. Ich kenne einen Psychiater, der den Dienst quittiert hat und wieder Arzt für Allgemeinmedizin geworden ist, weil er zu dem Ergebnis gekommen war: »Psychiatrie gibt es in Wirklichkeit nicht. Sie ist eine Pseudowissenschaft.«

Wissenschaft beschränkt sich bestenfalls auf ihr Gebiet, und weil wir Gott für jeden Bereich des Wissens dankbar sind, in den er dem Menschen Einblick gewährt, sollte man ihr ihren Platz auch einräumen. Ob wir ihr dann einen beherrschenden Einfluß auf unser Leben zugestehen, ist eine andere Sache. Lewis Thomas schreibt in einem Aufsatz zu dem Thema »Wissenschaft und Ungewißheit« (in »Discover«, Oktober 1980): »Es mag sein, daß man einmal auf das zwanzigste Jahrhundert als dasjenige zurückblickt, in dem die Wissenschaft den ersten umfassenden Blick auf die Tiefe menschlicher Unwissenheit freigab... die Wissenschaft gründet sich auf Hypothesen, die nicht bewiesen sind... Wir befinden uns allesamt, wie sich immer wieder herausstellt, gründlich im Irrtum. Ich kenne keinen einzigen Bereich der Biologie oder der Medizin, in dem wir einen Anspruch auf wirklich tiefgreifenden Durchblick erheben können.«

Es wird gut sein, diese Aussage von Dr. Thomas im Gedächtnis zu behalten, wenn wir in Versuchung geraten, aufgrund psychologischer Behandlung oder Beratung zu denken, daß wir ein tieferes Verständnis von uns selbst gewonnen haben und der Wahrheit über uns selbst näher gekommen sind, als es z.B. der Schreiber des Buches der Sprüche war.

Als mein Vater noch Herausgeber einer religiösen Wochenzeitung war, schrieb ihm einst ein Leser: »Wie bewerten Sie die Philosophie?

Ist sie gut oder böse?« Ich habe nicht erfahren, was er ihm antwortete, aber ich vermute, daß er erklärte, daß sie eine wissenschaftliche Forschungsmethode und an sich weder gut noch schlecht sei. Und ebenso ist die Psychologie eine wissenschaftliche Methode, aber auch nicht mehr. »Sie kommt nicht über eine Methode hinaus«, so schreibt P.T. Forsyth. Sie verfügt nicht über das passende Instrument, um damit die Wirklichkeit zu testen, und ist auch keine richterliche Instanz, wenn es um letzte Dinge geht. In den sechzig oder siebzig Jahren, seit P.T. Forsyth diese Aussagen machte, sind wir dem Rand des Steilhangs viel näher gekommen, wo wir auf den Schutz, die Beschränkungen und die Kontrolle des Wortes Gottes verzichten und uns kopfüber in den Abgrund des Subjektivismus stürzen. Wir brauchen einfach »Leitplanken«.

Oder nehmen wir ein anderes Bild: Eine bestimmte Art, sich mit der Psychologie zu beschäftigen, die unter Christen eine enorme Popularität gewonnen zu haben scheint, erinnert mich an Dschungelflüsse, auf denen ich gelegentlich mit dem Kanu unterwegs war. Sie zogen sich oft in ungeheuren Windungen dahin. Man konnte durchaus an das gewünschte Ziel gelangen, wenn man ihren vielen Krümmungen und Schleifen folgte, die häufig sogar rückwärts zu verlaufen schienen und dann wieder parallel der ersten Spur nach vorne. Es war aber auch möglich, das Ziel zu Fuß zu erreichen, indem man die Kurven schnitt, und so konnte man in zehn Minuten eine Strecke zurücklegen, wozu man mit dem Kanu Stunden brauchte.

Es kann sein, daß es ein Weg zur Heilung gewisser menschlicher Schwierigkeiten ist, all die »Warums« und »Weshalbs« dessen, was wir unsere Probleme nennen (einige von ihnen sind vielleicht nichts anderes als einfach Sünden), ausfindig zu machen, zu sondieren und aufzudecken. Ich habe aber den Eindruck, daß dies der »längste Weg nach Hause« ist. Ich sage dies auch auf die Gefahr hin, daß man mir vorhält, ich würde die Dinge zu sehr vereinfachen, in ihrer Bedeutung herabsetzen oder verschleiern. Aber wo, frage ich, beginnt der wirklich tiefgreifende Durchblick, den Dr. Thomas der Wissenschaft abspricht? Wo fängt er wirklich an?

> »... wo ist die Stätte der Einsicht? Niemand weiß, was sie wert ist, und sie wird nicht gefunden im Lande der Lebendigen.
> Die Tiefe spricht: »In mir ist sie nicht«; und das Meer spricht: »Bei mir ist sie auch nicht.«

Man kann nicht Gold für sie geben noch Silber darwägen, sie zu bezahlen.
Woher kommt denn die Weisheit? Und wo ist die Stätte der Einsicht?
Gott weiß den Weg zu ihr, er allein kennt ihre Stätte.
Und sprach zum Menschen: Siehe, die Furcht des Herrn, das ist Weisheit, und meiden das Böse, das ist Einsicht«
(Hiob 28,12 – 15.20.23.28).

Diese alte und erprobte Quelle ist in einem Buch geoffenbart, dessen Zuverlässigkeit, Bedeutung und Richtigkeit alle Bereiche menschlichen Wissens fortwährend bestätigen: nämlich die Bibel. Mir geht es nicht darum, daß wir die Ergebnisse der Psychologie oder anderer Wissenschaften leugnen, sondern mir geht es darum, daß wir mit der Theologie anfangen, mit dem Wissen von Gott. Ohne diese Weisheit (die nur denen zugänglich ist, die sich vom Bösen abwenden) gibt es kein Urteil über letzte Dinge, keine rechte Erkenntnis von uns selbst, keine Gewißheit irgendwelcher Art. Meine Bitte ist, daß wir dem Wort Gottes *zuerst* Gehör schenken, unsere Orientierung von dort her beziehen und uns erst dann den jeweiligen wissenschaftlichen Bereichen zuwenden, die für die anstehenden Fragen in Betracht kommen. So haben wir die Chance, daß wir auf direktem Weg zur Wahrheit gelangen, daß wir eine »Abkürzung« finden auf dem Weg zum Frieden.

Die Heilige Schrift umfaßt den ganzen Menschen, seine ganze Welt und offenbart den Herrn des Universums. Wir haben in ihr nicht nur einen vollkommenen Bezugsrahmen, sondern erhalten auch besondere und praktische Anweisungen, Kritik, wenn sie nötig ist, Korrektur, wenn wir auf falschem Wege sind.

Das habe ich immer wieder aufs neue bestätigt gefunden. Kürzlich war ich ziemlich aufgeregt wegen einiger Bemerkungen, die jemand mir gegenüber gemacht hatte. Nachts lag ich wach und dachte mir im Geist ganze Szenen und Gespräche aus, in denen wir uns damit auseinandersetzten, alles noch einmal ins Bewußtsein holten, aussprachen, was wir empfanden, gegenüberstellten, was die eine oder die andere gesagt hatte, was die eine oder andere getan hatte, verteidigend, anklagend, verletzend und aufklärend. Ich hatte irgendwo gehört, daß man so vorgehen sollte: sich damit beschäftigen, geradewegs darauf zugehen, es zum Ausdruck bringen. Aber welch ein verheerendes Geschäft ist das! Welche Last stürzt dabei auf einen ein! Welch eine Zeitvergeudung ist das, gar nicht zu reden von der emotionalen und geistlichen Energie, die das kostet! Der ganze Prozeß schließt sogar zusätzlich die Möglichkeit ein, daß die Liste meiner Schuld noch länger wird. »Wo viele Worte sind, geht's ohne Sünde nicht ab«, steht in Sprüche 10,19. »Wer aber seine Lippen im Zaum hält, ist klug«, heißt es weiter.

Die Psychologie *be*schreibt. Die Bibel *ver*schreibt: »Halte dich nicht selbst für klug und erfahren, sondern nimm den Herrn ernst, und bleibe allem Unrecht fern. Das ist eine Medizin, die dich gesund erhält und deinen Körper erfrischt« (Spr 3,7 – 8, Gute Nachricht).

»Die Liebe ist langmütig und freundlich... Sie rechnet das Böse nicht zu... Sie erträgt alles, sie glaubt alles, sie hofft alles, sie duldet alles« (1. Kor. 13,4 – 5.7).

»Einer trage des andern Last, so werdet ihr das Gesetz Christi erfüllen« (Gal 6,2).

»Seid unter euch so gesinnt, wie es auch der Gemeinschaft in Christus Jesus entspricht:... er entäußerte sich selbst... er erniedrigte sich selbst und ward gehorsam bis zum Tode...« (Phil 2,5.7 – 8).

Die Frau, die mich so verletzt hatte, hatte eine Menge Lasten zu tragen. Ich wußte das sehr gut. Wie konnte ich ihr helfen, sie zu tragen? Nun, z.B. dadurch, daß ich mich beleidigen ließ, ohne »das Böse zuzurechnen«, also indem ich meinem Meister folgte.

Wie erleichtert fühlte ich mich plötzlich! Ich mußte nicht mehr länger aufzählen und überlegen und darüber nachdenken, wie ich mit meinen Gefühlen fertig werden oder wie ich meiner Freundin gegenübertreten oder was ich ihr auch nur sagen sollte. Mein Verhalten ihr gegenüber würde sich aus meinem Leben mit Christus ergeben. Ich konnte das selbst gar nicht beeinflussen. *Er* konnte und *er* würde mich dazu fähig machen.

Um den direkten Weg zu schaffen, mußte ein gut Teil vom Dschungel meiner Selbstsucht zerschlagen werden. Aber es war eine Abkürzung auf dem Weg nach Hause.

Hoffnung für einen Versager

Olivenbäume eignen sich nicht besonders, um sich daran anzulehnen. Dazu sind sie zu knorrig. Ich stoße mit dem Fuß ein paar Steine weg und setze mich auf den Boden, die Arme um die Knie gelegt. Die beiden anderen stehen noch eine Weile herum und sehen dem einen nach, der allein weggegangen ist.

»Ihr könntet euch auch setzen«, sage ich. Sie antworten nicht.

Wir haben einen langen Tag hinter uns, und wir sind müde. Durch die Zweige der Bäume schaue ich nach oben. Ein paar Wolkenfetzen treiben über den Himmel, an dem ein spärlicher Mond scheint. Ein leichter Wind hält die Blätter der Olivenbäume in Bewegung. Mein Kopf wird allmählich zu schwer, um ihn noch hochzuhalten. Ich starre auf meine alten Sandalen. An einer hat sich ein Riemen gelöst. Dann sehe ich meine Füße an, und mir fällt die Szene vor dem Abendessen ein: »ganz rein«. Nun waren sie wieder staubig. Aber sie waren rein gewesen. Tatsächlich – so rein wie sonst nie. »Wißt ihr, was ich euch getan habe?« fragte er. Vielleicht verstanden die anderen ihn. Ich nicht. Und was sollte das heißen, daß wir Knechte sein sollten?

Meine zwei Freunde setzen sich ein Stück weit abseits. Ich kann kaum etwas von ihrem Gespräch verstehen (meist flüstern sie auch nur). Sein Leib! Sein Blut! (Merkwürdige Dinge hat er uns heute Abend bei Tisch gesagt.) Wie er sich danach gesehnt hätte, mit uns zu essen, wie er es aber nie mehr tun würde, bis... irgend etwas von einem Königreich.

Gähnen. Ich bin jetzt zu müde zum Denken. Ich stoße noch ein paar Steine weg und lege mich ins Gras. Es gibt kein Kissen. Nun, es geht auch mit dem Arm.

Was höre ich da? Von meinen Freunden kommt es nicht. Sie liegen auf dem Boden wie ich. Da bewegt sich etwas. Ist es der Wind? Oder ein Tier? Nein, dort drüben ist es, wo er ist. Eine Art Keuchen, oder?

Ich strenge meine Ohren an. Ich kann es nicht genau sagen. Vielleicht haben sie es deutlicher gehört. Sie sind näher dran. Aber sie sagen nichts. Stille jetzt. Na, macht nichts. Ich werde ein bißchen schlafen.

»Schläfst du, Simon?« Ich springe auf. Er bat uns, wach zu bleiben, jetzt fällt es mir ein. Er steht hoch über uns, und wir liegen alle auf der Erde und schnarchen vor uns hin. Armseliger Anblick. »Betet, daß ihr nicht in Anfechtung fallt!«

»Ja, Herr.« (Anfechtung?)

Er geht wieder fort. Wir setzen uns auf, schütteln uns ein wenig. (Es ist jetzt kühler geworden, und mein Rock ist klamm vom Tau). Wir beten. Wir können sehen – an der Silhouette dort bei dem Felsen – daß irgend etwas sehr Schlimmes vor sich geht. Wir überlegen, ob wir etwas tun sollen? Aber er sagte: »Bleibt hier.«

»Ihr werdet alle vom Glauben abfallen.« Wir sprechen darüber. Was konnte er gemeint haben? Alle, wir alle? Die beiden anderen legen sich wieder hin. Ich bleibe noch sitzen und denke darüber nach, was er mir gesagt hat – vom Satan, der mich sichten würde wie den Weizen. Er sagte, daß er besonders für mich beten würde. Mein Glaube sollte versagen? Ich antwortete ihm, daß ich sogar mit ihm ins Gefängnis gehen würde. Sogar sterben würde ich für ihn, wenn es dahin käme. Judas – ja, das ist eine andere Sache. Ich möchte wissen, was der vorhat? Er lief vom Tisch weg und war in schrecklicher Eile. Ich habe ihm nie getraut. Verschlagener Blick und aalglatt.

Uahhh. Ich muß wohl wieder eingeschlafen sein. Ich kann seine Gegenwart spüren. Er steht ganz nahe bei mir. Aber ich werde die Augen geschlossen halten. Was kann ich schon sagen? Ich warte. Er sagt nichts. Er geht wieder weg.

»Seid ihr wach?« Ich stupse die anderen an. Mir fällt ein, daß er mir sagte, ich solle »meine Brüder stärken«. Sie richten sich auf, und wieder fangen wir ein Gespräch an. Er sagte, daß er von uns wegginge. Irgendwohin, wo wir ihm nicht folgen könnten. Frieden... Liebe... der Fürst dieser Welt... Verfolgung... der Abfall vom Glauben. Es hörte sich nicht gut an.

»Was ist das?« (Jetzt bin ich es, der flüstert). Ein leiser Ton – wie Flügelschlag. Da ist jemand, der sich über ihn beugt im Mondlicht. Wir spähen durch die Zweige der Bäume. Ich kann nicht erkennen, wer es ist. Es ist nicht gut, daß er sich hier im Garten aufhält. Es gibt allzu viele Leute, die wissen, daß sie ihn hier finden können. Was ist das?! Wer auch immer bei ihm war – er ist verschwunden! Wie ist das möglich? Nun schaut doch dort hin! Er steht da mit erhobenem Gesicht.

»Das ist jetzt das dritte Mal, daß er das Gebet spricht«, sagt mein Freund. Ich habe es nicht gehört.

Wir unterhalten uns weiter und versuchen diesmal wachzubleiben. Er braucht mich, vermute ich. Wir sollten lieber aufstehen. Man kann so nicht erkennen, was vor sich geht. Ist er in Gefahr? Doch er scheint keine Furcht zu kennen. Er hat auch seine eigene Art, mit Schwierigkeiten fertig zu werden, wenn er ihnen entgehen will. Da braucht man nur an den Tag zu denken, wo er einfach durch die Menge hindurchging, die ihn in den Abgrund stoßen wollte. Ja, aber diesmal haben wir ihm extra gesagt, er solle nicht in die Stadt hinaufgehen. Der Zeitpunkt ist schlecht gewählt.

Was war das noch, das er uns gesagt hat über »Tasche und Beutel und Schwert«, als er uns das erste Mal aussandte – barfuß, ohne eine einzige Münze oder ein Stück Brot? Sagte, daß er uns noch viel mitzuteilen hätte, daß wir es aber jetzt noch nicht vertragen könnten. Aber er würde einen Geist senden – den Geist der Wahrheit –, der würde uns erklären, was noch alles geschehen würde.

Die Stunden vergehen. Wir verlieren jeden Zeitbegriff. Wie lange haben wir schon geschwatzt? Gähnen, Ausstrecken.

»Schlaft ihr immer noch? Auf, laßt uns gehn.« Mit einem Satz springen wir auf unsere Füße. Was geht vor? »Mein Verräter ist da.« Eine Menschenmenge wogt durch den Garten. Laternen, Fackeln, Schwerter, Knüppel...

»Meister! Hier, schnell, geh nach dahinten...« Er hört nicht auf mich. Geht schnurstracks auf sie los. »Wen sucht ihr?« Ich greife nach meinem Schwert, schlag' damit auf den Haufen ein, treffe aber nur einen am Ohr.

»Steck dein Schwert ein«, sagt er zu mir. »Dies ist der Kelch, den der Vater mir gegeben hat. Weißt du nicht, daß ich ihn trinken muß?«

Was können wir tun? Ich folge ihm noch ein Stück weit, aber ich kann sehen, daß nun alles vorbei ist. Es hat keinen Sinn, sich da noch weiter einzumischen.

Jahre sind seitdem vergangen. Die Erinnerung an das, was im Verlauf der restlichen Stunden jener Nacht geschah, steht noch immer messerscharf vor meiner Seele. Es war eine schreckliche, dunkle Nacht. Aber könnte ich wissen, was ich heute weiß, hätte ich Dinge schreiben können, wie sie in meinen Briefen stehen, wenn es diese Nacht nicht gegeben hätte?

»Gelobt sei Gott, der Vater unseres Herrn Jesus Christus, der uns nach seiner großen Barmherzigkeit wiedergeboren hat zu einer lebendigen Hoffnung durch die Auferstehung Jesu Christi von den Toten, zu einem unvergänglichen und unbefleckten und unverwelklichen Erbe, das aufbewahrt wird im Himmel für euch, die ihr aus Gottes Macht durch den Glauben bewahret werdet zur Seligkeit...« (1. Petr 1,3 – 5).

Ich kenne diese Gnade. Ich bin auf diese Weise von neuem geboren worden. Ich, ein hoffnungsloser Versager; ich kenne diese lebendige Hoffnung. Keiner verdient sie weniger als ich. Keiner kann dankbarer sein als ich, dem so viel vergeben wurde. Wo wäre ich heute, wenn er nicht auferstanden wäre?

Herzlichen Glückwunsch!

Die Auswahl der Glückwunschkarten auf den Ständern befriedigte mich nicht. Ich überflog verzweifelt die Rubrik »Verwandte«, »Comics« und andere Kategorien und stieß dabei sogar auf ein Regal mit der Aufschrift: »Diese Karten sind geschmacklos. Machen Sie sich auf einen Schock gefaßt!«

Was ich dir zum Geburtstag wünschen möchte, ist kein solches Glück, das davon abhängt, daß man sein Alter leugnet oder daß man nach wie vor erregende Erlebnisse mit schlanken Flaschen und in anderer Leute Betten hat. Die Zeichnungen auf den Geburtstagskarten sind einfach verrückt. Sie sind wirklich schrecklich, denn sie offenbaren, was für eine Sackgasse die verzweifelte Suche nach Glück meistens ist. Und die einzigen Karten, die die Möglichkeit einer anderen Art von Glück andeuteten, stellten solche übertriebenen Ansprüche an meine Gefühle für dich, hatten eine so widerlich weichliche Sprache und unklare, nebulöse Illustrationen, daß ich mich auch nicht überwinden konnte, eine davon zu kaufen. Nein, es tut mir leid.

Was ich dir heute wünschen möchte, ist vor allem Freude. Ich wünsche dir den schönsten Geburtstag, den du dir denken kannst. Nicht weil du jetzt gerade das Alter erreicht hast, von dem du immer geträumt hast: das vollkommene Alter. Nicht weil du die aufsehenerregendste, lauteste und stürmischste Party feiern kannst oder weil du von all deinen besonderen Verehrern umgeben bist und dich wundervoll fühlst und einen Haufen prächtiger Geschenke bekommst. Ich könnte dir also einfach nur einen *glücklichen* Geburtstag wünschen. Aber ich möchte noch mehr tun. Ich möchte meinen Wunsch in ein Gebet verwandeln und den Herrn bitten, dir einen wunderschönen und frohen Tag zu geben. Ich werde ihn um die Art von Freude bitten, die nicht davon abhängt, wie du dich fühlst oder wer da ist, um mit dir zu feiern oder was sich sonst noch ereignen mag.

Die Leute, die diese schrecklichen Karten fabrizieren, geben ihr Bestes dabei. Aber sie haben nicht viel, auf das sie dabei zurückgreifen können. Es erscheint ihnen am zweckmäßigsten, wenn man die harten Tatsachen vergißt bzw. vergessen läßt: die Zeit vergeht eben tatsächlich. Die Menschen werden nun mal alt, und das Glück ist in Wirklichkeit sehr selten in dieser alten Welt. An was könnte man sich da halten? Die Fakten kann man nicht ändern. Elend und Einsamkeit und mangelnde Integration und Schrecken sind einfach da. (Eine Dichterin sagt es geradeheraus: »Der Tod schlägt uns die Türe ein!«.) Aber wer möchte solche Dinge auf einer Geburtstagskarte zum Ausdruck bringen? Reicht es nicht aus, wenn man es bei netten Comics oder angenehmen Gefühlen beläßt, um nur ein bißchen Spaß zu haben? Wir könnten zumindest vorgeben, glücklich zu sein. Vergessen wir die Wirklichkeit für einen Tag und seien wir fröhlich!

Das ist natürlich eine Möglichkeit. Aber warum sollten wir auf diese Weise fröhlich sein, wenn wir einen viel besseren Grund zur Freude haben. Ich liebe schöne Feierstunden und Geschenke auch, und ein kleines gepflegtes Abendessen bei Kerzenlicht mit lieben Freunden entspricht durchaus meiner Vorstellung von einem glücklichen Abend. Vor allem andern aber macht es glücklich, wenn man jemanden hat, der einen daran erinnert, daß es noch schönere Dinge gibt als Blumengestecke, Luftballons und bunte Seifenblasen – Dinge, die den Tag und die Woche und sogar das kommende Jahr überdauern. So etwas gibt es tatsächlich, und da können wir tiefe Freude finden:

> »Die Elenden und Armen suchen Wasser, und es ist nichts da, ihre Zunge verdorrt vor Durst.
> Aber ich, der Herr, will sie erhören; ich, der Gott Israels, will sie nicht verlassen.
> Ich will Wasserbäche auf den Höhen öffnen
> und Quellen mitten auf den Feldern
> und will die Wüste zu Wasserstellen machen
> und das dürre Land zu Wasserquellen.
> Ich will in der Wüste wachsen lassen Zedern, Akazien, Myrthen und Ölbäume;
> ich will in der Steppe pflanzen miteinander Zypressen, Buchsbaum und Kiefern« (Jes 41,17 – 19).

Ein Geburtstag ist ein Meilenstein. Man sollte eine Pause einlegen und nachdenken. Schauen wir doch eine Weile zurück auf den Weg, den der Herr dich bis hierher geführt hat. Da hat es auch Durststrecken gegeben, nicht wahr? Du mußtest manchmal über Sanddünen wandern, durch einige tiefe Täler, durch Einöden oder unfruchtbare Heidelandschaften. Mir ist es nicht anders ergangen. Manchmal erschien es mir, als ob es nirgendwo mehr Ströme, Brunnen, Teiche oder Quellen gäbe. Nichts als Sand – so weit das Auge sah. Keine lieblichen Akazien oder Olivenbäume, nur dürres, ödes Land. Das Problem war in Wirklichkeit, daß ich bis dahin nicht gelernt hatte, die Quellen und Wasserstellen zu finden. Ich versuchte, meinen Weg allein zu gehen. Ich machte damals den gleichen Fehler, als ich einst als junge Missionarin in den südamerikanischen Dschungel kam. Erst nachdem ich mich einmal völlig verlaufen hatte, lernte ich, mich auf einen indianischen Führer zu verlassen. Er kannte die Spuren in der Wildnis. Er fand Wasser, das man trinken konnte (in einem Bambus z.B., wenn gerade kein Fluß in der Nähe war), er entdeckte Honig in einem hohlen Baum, Früchte, wo ich beim besten Willen keine sehen konnte. Ich wußte gar nicht, wo man danach suchen sollte. Für mich war nichts Eßbares zu entdecken. Der Indianer sah es. Er konnte auch einen Becher aus einem Palmblatt machen, im Regen ein Feuer zum Brennen bringen und innerhalb einer Stunde eine Schutzhütte für die Nacht errichten. Ich war hilflos. Er war mein Helfer.

Ein Meilenstein ist nicht nur eine Stelle, an der man zurückschaut und sich darauf besinnt, wo man hergekommen ist. Man sollte auch nach vorne schauen, auf das Ziel, das man anstrebt. Nicht immer verspüren wir an unserem Geburtstag die Lust dazu.

Beim Rückblick scheinen wir auf eine so lange Zeit zu sehen – die guten alten Tage sind vorbei, und (das ist das Schwierige) so viel an Schuld belastet die Erinnerung. Und wenn wir vorwärts schauen – ach! Wie viele Geburtstage mögen noch nachkommen? Was wird bis zum nächsten alles passieren? Die Gedanken an die Zukunft sind oft von Furcht überschattet.

»Denn ich bin der Herr, dein Gott, der deine rechte Hand faßt und zu dir spricht: Fürchte dich nicht, ich helfe dir« (Jes 41,13).

Parties und Geschenke helfen nicht viel angesichts einer Vergangenheit, die einen belastet oder einer Zukunft, vor der man sich ängstigt. Aber der Gott, der dich damals geliebt hat, liebt dich auch heute, an deinem Geburtstag, und wird dich lieben, bis du ihn von Angesicht zu Angesicht sehen wirst. Er allein kann etwas tun im Hinblick auf deine Probleme.

»Ich bin es, der dir hilft«, läßt er dir sagen. Es gibt eine Befreiung von aller Schuld. Bekenne sie ohne Einschränkung. Er wird sie auch ohne Einschränkung vergeben. *Vergeben* möchte ich betonen. Das heißt nicht, daß er die Realität leugnet und das Geschehene unter den Teppich kehrt. Er schwelgt auch nicht in Gefühlen. Es gab einmal ein altes rauhes Kreuz. Du weißt ja wohl, wo es stand – auf einem Hügel weit von hier in einem anderen Land. Und du weißt auch, was es bedeutete – absolut nichts Sentimentales, aber Vergebung – die uns allen angeboten wurde. Der volle Preis dafür wurde in Blut bezahlt, mit dem Blut desjenigen, der die Liebe in Person ist.

Es gibt auch ein Mittel gegen deine Ängste. Sprich sie alle aus. Laß den Herrn dich »bei der rechten Hand« nehmen und dir helfen. So mußte ich es mit meinem indianischen Führer auch machen. Über die glitschigen Balken, die als »Brücken« über die tiefen Dschungelschluchten gelegt waren, wäre ich allein nicht hinübergekommen. Ich war bei ihrem Anblick zu Tode erschrocken. Doch der Indianer, der diesen Weg schon viele Male gegangen war, faßte mich an der Hand und brachte mich sicher hinüber.

Du kennst sicher die Witze von der guten und der schlechten Nachricht. Nun, es hat nichts mit den billigen Scherzen von Glückwunschkarten zu tun, was ich dir jetzt sage. Die schlechte Nachricht ist, daß schon wieder ein Jahr vergangen ist und wir nicht alles geschafft haben, was wir tun wollten. Die Zeit kommt nicht zurück, und wir haben keine Möglichkeit, das Versäumte nachzuholen. Die gute Nachricht ist das Evangelium. Wir können mit Gott versöhnt werden – die Sünden können vergeben, die Furcht kann uns abgenommen werden. Jenes häßliche alte Kreuz, das Symbol des Leidens und der Schande, steht nun zwischen uns und unserer Sünde, unserer Furcht, unserer Vergangenheit und unserer Zukunft. In den ausgestreckten Armen am Kreuz sehen wir die Liebe. Die Liebe, die damals für uns starb und heute für uns lebt – Jesus Christus, Herr, Meister, Retter der Welt. Er möchte dir (als Geburtstagsgeschenk, wenn du es haben willst) etwas geben, das deinen Durst wirklich stillt, Ströme in der Sandwüste, Brunnen in tiefen Tälern. Er möchte deine Hand ergreifen, dir helfen, dich beschenken – nicht nur mit einem glücklichen Geburtstag, sondern mit immerwährender Freude.

Ich schäme mich nicht im geringsten, mein Alter offen zuzugeben. Ich freue mich über jeden Geburtstag, den ich erlebe, weil es der Herr ist, mein treuer Führer, der »aufruft die Geschlechter vom Anfang her«. Ich sehe in den Spiegel und stelle die zunehmenden und unübersehbaren Zeichen der Zahl meiner Jahre fest. Aber ich bin mit allem ausgesöhnt. Christus hat mich mit Gott versöhnt und mit seinem wunderbaren Plan mit mir. Mein Leben gehört ihm. Meine Jahre gehören ihm. Für mich ist Leben und Christus dasselbe, und Sterben ist nur ein Gewinn. Wenn ich darüber nachdenke, wüßte ich nichts, das mich besorgt machen könnte. Ich kann einfach nicht traurig darüber sein, daß ich wieder ein Jahr älter geworden und damit der absoluten Freude näher gekommen bin.

Ich bete an deinem Geburtstag für dich, daß dein Weg, wie es »dem Gerechten« verheißen ist, nicht immer dunkler, sondern immer heller werden wird, daß du immer weiter geistliche Frucht bringst – auch im Alter –, daß der Herr dir ein dankbares Herz gebe wie das des Psalmisten, der singt:

»Gott, du hast mich von Jugend auf gelehrt, und noch jetzt verkündige ich deine Wunder. Auch im Alter, Gott, verlaß mich nicht, und wenn ich grau werde, bis ich deine Macht verkündige Kindeskindern und deine Kraft allen, die noch kommen sollen. Meine Lippen und meine Seele, die du erlöst hast, sollen fröhlich sein und dir lobsingen. Auch meine Zunge soll täglich reden von deiner Gerechtigkeit; denn zu Schmach und Schande werden, die mein Unglück suchen (Ps 71,17 – 18.23.24).

So – nun also meine herzlichsten Glückwünsche zu deinem Geburtstag! Wenn du Freunde da hast und eine schöne Party stattfindet und du Geschenke erhältst: Freu dich über diese Zugaben. Wenn keine Freunde kommen, es keine Party gibt und kein Päckchen zu öffnen ist, dann hast du trotzdem eine lange Liste von Dingen, für die du Gott danken kannst – Dinge, die viel wichtiger sind. Ein Geburtstag voller Dank und Hoffnung ist der glücklichste, den man haben kann.

Den wünsche ich dir! Schmück dich mit Freude!

Was willst du mir sagen in Ehefragen?

Das Leben als Single ist eine Gabe

Vor etwa hundert Jahren begann eine achtundzwanzigjährige Frau ihre Missionsarbeit in Indien. Sie stammte aus einem kleinen sturmgeplagten Dorf an der Nordküste Irlands. Ihr Name war: Amy Carmichael. Sie war unverheiratet, aber gerade an dem Abend, bevor ihr Schiff den Kai verließ, bekam sie ein Angebot, das ihrem Leben eine ganz andere Richtung gegeben hätte.

Amy, deren viktorianischer Hintergrund zusammen mit ihrer Herkunft als Irin sie von jeher zur Verschwiegenheit erzogen hatte, hat sich niemals darüber ausgelassen, auf welche Weise oder durch wen sie dieses Angebot bekam. Sie sprach kaum über Dinge des Herzens. Außerdem war sie eine tief im Glauben verwurzelte Christin mit der Entschlossenheit eines Soldaten, der die Befehle seines Vorgesetzten auszuführen bereit ist. Das Leben als Single war ihrer Ansicht nach nicht nur ein Teil der Anweisungen dieses Oberbefehlshabers, sondern auch eine Gabe.

Sie behauptete nie, daß diese Gabe etwas Besonderes sei. »Denk daran«, so schrieb sie einmal, »unser Gott sagte nicht zu mir: Ich habe mit dir etwas Besseres vor. Dieses Leben ist nicht größer und bedeutungsvoller als irgendeines sonst. Es ist nur anders.« Es war einfach Gottes Ruf an sie.

Als älteste von sieben Kindern war sie voller Ideen gewesen, wie man die Brüder und Schwestern erziehen und begeistern, wie man mit ihnen Spaß machen und sie geistlich fördern konnte. So kam es z.B. zur Herausgabe eines Familien-Magazins, das »Scraps« genannt wurde. Es war wunderschön von Hand geschrieben, dazu illustriert und erschien einmal im Monat für die Familie und für Freunde. Bevor Amy zwanzig Jahre alt war, erkannte einer ihrer Brüder bereits die Richtung, die ihr Leben einmal nehmen würde. In einer Reihe von Entwürfen für »Scraps« schrieb er:

»Unsere älteste Schwester
ist unser Lebenslicht.
Doch eines sagt sie immer:
Heiraten will sie nicht.«

Amy hielt sich an das Wort, das der Apostel Paulus einmal schrieb: »Und die Frau, die keinen Mann hat und die Jungfrau sorgen sich um die Sache des Herrn, daß sie heilig seien am Leib und auch am Geist... Das sage ich zu eurem eigenen Nutzen; nicht um euch einen Strick um den Hals zu werfen, sondern damit es recht zugehe, und ihr stets und ungehindert dem Herrn dienen könnt« (1. Kor 7,34 – 35).

Von ganzem Herzen war sie entschlossen, dem Herrn zu gefallen, der sie in seinen Dienst genommen hatte. Sie staunte über dieses Vorrecht. Sie akzeptierte die Disziplin, die dazu nötig war.

Eine Spur von Enttäuschung

Zu dieser Disziplin gehörte auch das Aushalten der Einsamkeit. »Wie wurde sie nur damit fertig?« ist eine Frage, die junge Leute von heute regelmäßig stellen. Amy hätte nicht die leiseste Vorstellung davon gehabt, was die Fragesteller damit meinen. Mit der Einsamkeit »fertigwerden«? Nun, sie war einfach ein Teil der Kosten, die sie für ihren Gehorsam zu zahlen hatte. Jeder Mensch ist in gewisser Weise einsam, der Alleinstehende in einer Art, der Verheiratete in einer anderen. Der Missionar ist es in einer ganz offen zu Tage liegenden Weise, aber auch den Lehrer, die Mutter, den Kassierer auf der Bank usw. betrifft das.

Amy hatte eine ihr liebgewordene Mitarbeiterin mit dem Spitznamen »Twin«. Anläßlich einer Missionskonferenz entdeckte sie in den für die Sitzordnung bei Tisch ausgelegten Listen, daß Twin und eine ihrer Freundinnen namens Mina nebeneinander saßen.

»Nun, ich habe mich sehr gefreut, daß Mina neben Twin sitzen sollte«, schrieb Amy an ihre Familie, »und ich glaube, daß ich auch gar nicht neidisch auf sie war. Und doch war da im Grunde meines Herzens eine Spur von Enttäuschung festzustellen. Ich hatte schon geglaubt, wieder jemand ganz für mich allein zu haben. Irgendwie schmerzte mich das jetzt ein bißchen, daß es nicht so war. Ich konnte mich nicht richtig freuen. Ich sehnte mich nach dieser Freude – ja wirklich, ich *wünschte* mir sie dringend. Ich *wollte* froh sein Ich *wollte* mit einem solchen Maß von selbstloser Liebe erfüllt werden, daß ich weit lieber die beiden zusammen sehen, als Twin für mich beschlagnahmen wollte. Und während ich noch um diese Liebe betete, kam sie in mein Herz. Zum erstenmal fühlte ich eine richtige stürmische Freude, die Freude Gottes – die man nicht selbst erzeugen oder imitieren oder in irgendeiner Weise herbeizwingen kann. Ohne mir dessen richtig bewußt zu werden, hatte ich bisher zu Gott gesagt: Du und Twin – das ist mir genug! So schnell kann es geschehen, daß man sich an die Gabe hängt statt an den Geber.«

Ihr Brief schloß mit einem Liedvers:

»Ich will dich lieben, meine Stärke;
ich will dich lieben, meine Zier!
Ich will dich lieben mit dem Werke
und immerwährender Begier.
Ich will dich lieben, schönstes Licht,
bis mir das Herze bricht.«

Nachdem sie das niedergeschrieben hatte, hätte Amy es am liebsten wieder ausgestrichen. Es war eine zu persönliche Aussage, und eine demütigende dazu. Aber sie hatte den Eindruck, der Herr wünsche es, daß dieser Absatz in dem Brief stehen bliebe – daß sie die Geschichte von ihrer Schwäche und Gottes Kraft weitergäbe. Zum erstenmal war ihr klar geworden, daß Missionare sich in nichts von den übrigen Menschen unterscheiden. Sie sind nicht edler, hochstehender, reiner als andere.

»Die Vorstellung von Flügeln (der Seele) ist eine arge Einbildung und Täuschung«, so schrieb sie einmal. »Manche mögen sie zwar besitzen, aber sie sind nicht sichtbar, und was mich angeht, so ist bei mir auch nicht eine einzige Feder zu entdecken. Man sollte sich ja nicht vorstellen, daß das Überqueren eines Ozeans, das Landen an fremden Küsten und das Lernen eines fremden Dialektes auch die Fesseln erkennbarer äußerer Sünden sprengt und aus uns Engel werden läßt.«

Die alleinstehende Mutter

Amy kam 1897 nach Indien und verbrachte die ersten vier Jahre im Missions-Reisedienst. Im Laufe dieser Zeit kam sie einem geheimen Handel mit kleinen Mädchen auf die Spur, die verkauft oder für die Tempelprostitution zur Verfügung gestellt wurden. Sie bat Gott, ihr einen Weg zu zeigen, wie sie einige der armen Wesen vor diesem Schicksal bewahren könnte. Bisher hatte man noch von keiner einzigen geglückten Flucht gehört.

Ein paar Jahre später begann Gott ihre Gebete zu beantworten. Ein kleines Mädchen schaffte es tatsächlich, ihren Bewachern zu entfliehen. Sie kam geradewegs zu Amy (dieser erschien es, als ob ein Engel das Kind geleitet habe). Danach wurden auf den verschiedensten Wegen weitere Kinder gerettet. Bald entdeckte Amy, daß kleine Jungen häufig für homosexuelle Zwecke mißbraucht wurden, und zwar von Schauspielergruppen, die mit den Gottesdiensten in Hindu-Tempeln in Zusammenhang standen. Amy betete nun auch für die Rettung der kleinen Jungen, und ein paar Jahre später war aus ihr eine »Ama« (eine indische Mutter) mit einer rapide anwachsenden indischen Familie geworden. In den späten vierziger Jahren betreute sie mit ihren Mitarbeitern etwa 900 Kinder und Jugendliche. In geradezu buchstäblichem Sinn war das Wort Jesu an ihr in Erfüllung gegangen: »Und wer Häuser oder Brüder oder Schwestern oder Vater oder Mutter oder Kinder oder Äcker verläßt um meines Namens willen, der wird's hundertfach empfangen und das ewige Leben erben« (Mt 19,29).

Als Antwort auf die Frage eines ihrer »Kinder«, das später ein enger Mitarbeiter von ihr wurde, beschrieb Amy einen Übergabeakt, der in einer Höhle stattgefunden hatte. Sie hatte sich dorthin zurückgezogen, um den Tag mit Gott zu verbringen und ihre Gefühle im Hinblick auf Zukunftsängste zu klären. Damals war es so gewesen: Im Augenblick kam sie zwar zurecht mit ihrer Situation, aber würde sie jahrelange Einsamkeit auf die Dauer ertragen können?

Der Satan malte ihr Bilder des Alleinseins vor Augen, die noch viele Jahre später in ihrer Seele lebendig waren. Verzweifelt wandte sie sich an den Herrn. »Was kann ich tun, Herr? Wie soll ich damit fertigwerden?«

Seine Antwort lautete: »Keiner, der mir vertraut, soll verlassen werden« (Ps 34,23 [Übersetzung der King James Version]). So versuchte sie gar nicht erst, mit der Einsamkeit selbst fertig zu werden Sie übergab das Problem Gott und verließ sich auf sein Wort

»Für jeden Mann und jede Frau, die ein Leben für andere leben wollen, ist eine geheime geistliche Disziplin von Gott verordnet«, schrieb Amy einmal. »Keiner entkommt dieser Erziehung Gottes und will das letztlich auch nicht. Und es kann auch nicht einer den anderen davor bewahren. Wie die Blätter einer Knospe die kostbare Blume, die sich darin bildet, schützen und verhüllen, so ist es auch bei einer Seele, die zum Dienst für andere bestimmt ist: eine Hülle um die andere legt sich um ihr Geheimnis, bewahrt es und verdeckt es vor den Augen der Menschen. Die Knospenblätter der Seele heißen: Schweigen.«

Amys Gehorsam war bedingungslos. Als sie herausgefunden hatte, daß ihr Meister für sie den Weg einer Alleinstehenden bestimmt hatte, ergriff sie diese Lebensumstände mit beiden Händen. Sie war bereit, um seinetwillen allen Rechten zu entsagen und auch – was sie sich damals noch nicht vorstellen konnte – um der Kinder willen, die er ihr geben würde. Eine solche Aufgabe hätte sie als verheiratete Frau mit einer eigenen Familie unmöglich übernehmen können.

Viele Menschen, deren »Haus« aus diesem oder jenem Grunde »leer« erscheint, und für die die Lektion des Alleinseins schwer zu lernen ist, haben Trost und Kraft in den Versen Amy Carmichaels gefunden:

»Du Fürst der Herrlichkeit, der seinen Sohn
durchs Kreuz gebracht zur Herrlichkeit:
Laß fürchten mich nicht Leid, Verlust, noch Schande.
Wenn *dein* Haus, Herr, nur voller wird –
auch wenn dafür *mein* Haus auf Erden etwas leerer bliebe.
Welch reicher Lohn wär' das!«

Probleme der Partnerfindung

Heidi hatte geglaubt, einen ganz gewöhnlichen Sonntagabend vor sich zu haben. Und nun war ein großartiges Erlebnis daraus geworden. Sie hatte Thomas getroffen.
»Ich hatte ihn schon ein paarmal im Gottesdienst gesehen, aber die Gemeinde ist recht groß und wir hatten noch nie ein Wort miteinander geredet. Während des geselligen Beisammenseins nach dem Abendgottesdienst kamen wir ins Gespräch. Er bot mir an, mich nach Hause zu fahren, und – nun, Sie wissen, wie das so geht. Er rief mich ab und zu an, und wir sprachen stundenlang am Telefon. Dann entschloß er sich, in den Single-Treff zu kommen, blieb danach oft noch da, und wir unterhielten uns viel. Schließlich fing er an, mit mir auszugehen. Manchmal bezahlte er die Rechnung, doch meist kam ich selbst für mich auf. Ich mochte mich ihm gegenüber nicht verpflichtet fühlen.
»Als wir einmal zusammen aßen, betete er«, vertraute mir Heidi an. »Er dankte Gott für unsere Freundschaft und dafür, daß in Singles-Gruppen ein Mann und eine Frau gut Freund miteinander sein konnten, ohne sich ineinander zu verlieben.«

Ohne sich ineinander zu verlieben! Aha. Diese Geschichte habe ich schon hundertmal gehört, von Männern und von Frauen.

Wem wollte Thomas damit etwas vormachen? Ob ihm nicht einmal der Gedanke kam, daß vielleicht einer von ihnen Feuer fangen könnte? Einen von beiden erwischt es immer. Diesmal war es die arme Heidi. Sie war Anfang zwanzig und ein attraktives Mädchen. Doch nun bekannte sie mir, daß sie ein »Problem« hätte. Sie hatte wirklich eines: Sie war im Herzen getroffen – sie hatte sich verliebt.

Wer sich in einer solchen Situation befindet, tut, was Heidi auch tat: sie betete, weinte und hoffte darauf, daß das Telefon klingelte. Und Thomas hielt ihre Hoffnung aufrecht. Er lud sie zu einem großen Familienfest ein, einer Hochzeit – sogar zum Empfang, der eigentlich nur für die Familie und ganz nahe Freunde gedacht war. Das sah so aus, als ob er es ernst meinte. Würde er seine Gefühle nun bald in Worte kleiden? Nun – beinahe. Er sprach über die Ehe im allgemeinen, erzählte Heidi, wie er oft davon geträumt habe, verheiratet zu sein, und wie er hoffe, die richtige Frau zu finden. Er sprach auch davon, wie sehr er Kinder liebe und schilderte seine Erziehungsvorstellungen. Schließlich kam der Moment, wo Heidi es nicht mehr aushalten konnte.

Sie saßen in ihrem Wohnzimmer am Kamin und aßen Pizza. Thomas hatte ihre Einladungen immer angenommen. Ein- oder zweimal hatte er Blumen oder eine Flasche Wein mitgebracht.

An diesem Abend aß er mit Vergnügen und erzählte ein bißchen von einem Spiel, bei dem er zugeschaut hatte. Doch Heidis Gedanken waren ganz woanders.

»Thomas«, sagte sie etwas zögernd, »wir müssen über etwas miteinander sprechen.«

»Jaaah? Und das wäre?«

»Ich meine – darüber – weißt du, wir sind nun lange genug Freunde gewesen.«

Der junge Mann erstarrte. Er nahm sich ein neues riesiges Stück Pizza und sagte nichts.

»Es ist wirklich schwer für mich, das auszusprechen, aber, Thomas, wenn du weiter keine Absichten hast – ich meine im Hinblick auf eine wirkliche Beziehung, kann ich nicht mehr mit dir allein sein. Ich habe mich in deiner Gegenwart so wohl gefühlt. Ich konnte ganz und gar ich selbst sein, verstehst du? Mein wirkliches Ich kam dabei zum Vorschein. Ich habe dir eine Menge von mir, von meinem Herzen erzählt. Aber wenn es nicht – wenn du nicht – du weißt schon...« Hier versagte ihr die Stimme.

Das darauffolgende Schweigen war vielsagend. Heidi sah Thomas an. Thomas starrte ins Feuer. Nach einem weiteren Stück Pizza und nachdem er noch ein paarmal geschluckt hatte, erklärte er, daß er sich nicht vorstellen könne, sie zu heiraten. Die bittere Wahrheit war aber, daß Heidi sich schon monatelang vorgestellt hatte, mit ihm verheiratet zu sein. Für sie bedeutete eine »echte Beziehung« soviel wie Verlobung, obwohl sie das Wort nicht gebrauchte. Sie sagte mir sogar, daß sie nie, in keinerlei Weise den Wunsch geäußert hätte, Thomas zu heiraten. Hatte sie das wirklich nicht? Thomas war vielleicht ein bißchen begriffsstutzig, aber er wußte sicher gut, was eine »wirkliche Beziehung« bedeutete. Er hatte geglaubt, solchen Komplikationen zuvorgekommen zu sein, indem er Heidi von seinen Träumen erzählt hatte. Hatte sie nicht »kapiert«, daß sie nicht diejenige war, nach der er Ausschau hielt?

Hier trafen sich also nun zwei Menschen, die gerne verheiratet gewesen wären, doch beide nicht mit dem Gegenüber. Was war verkehrt gelaufen bei der Sache? Mir scheint, es waren mehrere Dinge, die schiefgingen.

Beachten wir, daß Thomas seines Wissens kein Risiko einging. Er unterhielt sich mit einem Mädchen und fuhr sie nach Hause – alles ganz und gar harmlos, eine spontane Geste. Keiner würde sich etwas dabei denken. Sie war hübsch und ließ ihn über alles reden, was ihn interessierte. So entschloß er sich, regelmäßig zu der Singles-Gruppe zu gehen, sprach auch mit anderen, rief Heidi hin und wieder an, ging mit ihr zum Essen und ließ sie ihren Anteil zahlen (er wollte nicht, daß sie sich »irgend etwas dabei dachte«, wollte sie auch nicht beschämen, indem er ihr Angebot zum Zahlen ablehnte). Weil er ein- oder zweimal glaubte, einen kleinen verräterischen Schimmer in ihren Augen gesehen zu haben, vermittelte er ihr eine wichtige Botschaft – im *Gebet*. Sie konnte eigentlich keine Anzeichen für ein zweifelhaftes Verhalten darin entdecken, oder? Als er sie dann zu der Familienhochzeit mitnahm, hätte sie wissen müssen, daß sie für ihn einfach eine Schwester war.

Sie wußte es aber nicht. Es war für sie überhaupt keine Frage, daß die Sache auf eine Heirat zusteuerte. Das kleinste Zeichen von Interesse, das ein Mann an ihr zeigte, bedeutete ihr ungeheuer viel. Sie versuchte, es vor sich selbst zu leugnen, sich dazu zu zwingen, »sich nichts dabei zu denken«, aber es ging nicht.

Der Mann hatte nicht die Absicht, sie in sich verliebt zu machen. Wie war das nur geschehen? Hatte er ihr unrecht getan? War er unaufrichtig, unfair gewesen? Was hätte er anders machen sollen – alle einladen, die er dort traf, allen die gleiche Zeit widmen? Er war durchaus kein Casanova, sondern ein ganz normaler junger Mann. Er meinte es gut. Er versuchte, cool zu bleiben. Das Problem ist bloß, daß man nicht »cool« bleiben kann, wenn ein Pulverfaß mit im Spiel ist.

Ich überlege, ob es nicht für junge Christen an der Zeit wäre, die heute üblichen Methoden der Partnerfindung aufzugeben, die ja auch nicht zu besseren Ehen geführt haben als die uralten Ehevermittlungsmethoden. Ich möchte Ihnen ein paar Anregungen für die Partnerwahl geben. Sie sollen nicht zum Gesetz werden, aber ich möchte Sie bitten, einmal darüber nachzudenken – vielleicht auch darüber zu beten.

Ihr Männer seid diejenigen, denen Gott ursprünglich die Last der Verantwortung als Haupt, Gründer und Ernährer der Familie auferlegt hat. *Warum* wollen Sie eigentlich heiraten? Wenn Thomas genug darüber nachgedacht und gebetet hätte, wäre er vielleicht nicht in Heidis Herzen herumgetrampelt wie ein Elefant im Porzellanladen. Gott hat die Ehe eingesetzt. Und Gott schuf die Möglichkeit und die Voraussetzungen für die Fortpflanzung. Aber das heißt nicht unbedingt, daß nach seinem Willen jeder heiraten muß. Warum setzen wir uns nicht mit dieser Frage auseinander, wenn wir das Alter erreichen, in dem wir die Verantwortung dafür übernehmen können? Warum fragen wir Gott nicht, ob sein Plan für unser Leben eine Ehe beinhaltet?

Wenn Sie ohne Ablenkung auf ihn hören wollen, dann wäre folgendes die Voraussetzung dazu:

1. Unterlassen bzw. beenden Sie alles: Intimitäten, Verabredungen, »besondere Beziehungen«.
2. Gehen Sie in die Stille vor Gott. Legen Sie ihm Ihr Leben hin in der Bereitschaft, den Weg zu gehen, den er sie führt. Wenn Sie keine Antwort bekommen, unternehmen Sie nichts in Sachen Beziehungen. *Warten Sie.*
3. Wenn die Antwort Gottes ein Ja zu sein scheint, suchen Sie eine geistliche Mutter oder einen geistlichen Vater auf (jedenfalls jemand, der im Glauben älter ist als Sie selbst, jemand mit Weisheit und Verstand, der mit Ihnen beten kann) und bitten Sie diesen Menschen, die Frage nach einem Partner mit Ihnen vor Gott zu bringen. Nehmen Sie Rat an. Wenn so ein Berater jemanden kennt, der zu Ihnen passen könnte, denken Sie ernsthaft darüber nach.
4. Lesen Sie die Geschichte von Abrahams Knecht Elieser, der eine Frau für Isaak finden sollte (1. Mose 24). Er suchte einen Platz auf, wo er aller Wahrscheinlichkeit nach Frauen antreffen würde. Dort betete er in der Stille um Führung und sah sich dann in aller Ruhe um. Aus dieser Geschichte können Sie viel lernen. Befassen Sie sich damit.
5. Halten Sie Ihre Augen in Ihrer eigenen Umgebung offen. Sie brauchen aber nicht unbedingt »alle Rosen zu begutachten, bevor Sie

die eine für Ihre Vase pflücken«. Wenn Sie eine Frau sehen, von der Sie meinen, daß sie Ihren Erwartungen entsprechen könnte, beobachten Sie sie aus respektvoller Entfernung. Man kann vieles auch ohne ein Gespräch und erst recht ohne eine »Beziehung« erfahren. Erkundigen Sie sich bei anderen, die sie kennen und auf deren Verschwiegenheit Sie sich verlassen können, nach ihr. Läßt sie erkennen, ob sie ein Mensch mit einer geistlichen Haltung ist? Ist sie ein weiblicher Typ? Rechnen Sie mit Gottes Führung. »Das Mädchen, zu dem *ich* dann sage... sie soll es sein, die du für deinen Knecht Isaak bestimmt hast« (1. Mose 24,14, Einheitsübersetzung).

6. Gehen Sie behutsam vor und beten Sie bei jedem Schritt. Damit meine ich natürlich nicht, daß Sie Gebete murmeln sollen, wenn Sie über den Kirchplatz laufen, um eine Verabredung mit ihr zu treffen. Ich meine, daß Sie »sein Joch auf sich nehmen« sollen – selbst, wenn es Wochen oder Jahre dauert –, und das von ihm lernen sollen. »Es ist ein köstlich Ding für einen Mann, daß er sein Joch in der Jugend trage« (Klgl 3,27).

7. Sprechen Sie in zwangloser Umgebung mit ihr. Sie werden dabei entdecken, ob sie eine Frau ist, die ernsthafte Ziele hat. Reden Sie nicht mit ihr über Beziehungen, Ehe, Gefühle.

8. Lassen Sie sich Zeit zum Nachdenken. Suchen Sie noch einmal Ihre geistliche Mutter oder Ihren geistlichen Vater auf. (In unserer Familie waren unsere eigenen Eltern auch unsere geistlichen Berater. Sie beteten in vier Fällen um ganz bestimmte Menschen als Ehepartner für vier ihrer Kinder. In allen vier Fällen wurde ihr Gebet erhört.)

Ich möchte hier nicht festlegen, wie Verabredungen ablaufen sollen. Ich möchte nur vorschlagen, daß Sie klein anfangen – lieber nur ein Treffen in der Pizzeria als im Feinschmeckerrestaurant. Und bitte: Bezahlen Sie die Rechnung! Behandeln Sie Ihre Partnerin als Dame und benehmen Sie sich wie ein Gentleman!

Wenn Sie entdecken, daß Sie sich in eine Frau verliebt haben, die Ihnen nur freundschaftlich gegenübersteht oder, schlimmer noch, die Ihnen die kalte Schulter zeigt, klären Sie zuerst mit Gott, ob sie die richtige Partnerin für Sie ist. Selbst wenn eine Frau einem Mann einen Korb gibt, er aber im tiefsten Herzen weiß, daß sie die Richtige ist, hat er die Möglichkeit, still abzuwarten und um Gottes Führung zu beten. Ich kenne eine Reihe von verheirateten Paaren, deren Beziehung auf diese Weise begann.

Der Zeitpunkt wird kommen, wo in Ihren Gesprächen auch ohne direkte Frage deutlich geworden ist, ob die Frau bereit wäre, Ihnen zu folgen und Ihre Führerschaft zu akzeptieren, ob sie ein mütterliches Wesen ist, ob sie ein Heim gestalten kann – kurz gesagt, ob sie das ist, worum Sie gebetet haben.

Es ist ein großer Fehler, zu viel Wert auf körperliche Schönheit oder aufregende Gefühle zu legen. Beides hat mit einer gesunden Grundlage für eine Ehe nichts zu tun. Erinnern Sie sich daran, daß die in 1. Korinther beschriebene Liebe in Aktionen besteht und nicht durch Hormone beeinflußt wird. Die Liebe, die zu einer guten Ehe führt, besteht vor allem in einer tiefen Achtung vor dem Partner und einer selbstlosen Freundlichkeit. Es macht Freude, mit einem solchen Menschen zu leben.

Noch ein paar Worte – wirklich nur ein paar – an die Frauen. Ich kenne Ihre Position nur allzu gut. Als Frauen sind wir so geschaffen, daß wir die *Re*-agierenden sind, nicht die Agierenden. Das heißt, daß die Last der Verantwortung für das Suchen und Umwerben des Partners nicht unsere Angelegenheit ist. Unser Teil ist das Warten.

Das bedeutet aber durchaus nicht Untätigkeit. Es ist vielmehr zuallererst ein positives, aktives Vertrauen auf Gott, der uns liebt, alle Dinge zum Besten wendet und versprochen hat, uns mit immerwährender Freude zu beschenken. Als zweites bedeutet es einen fortgesetzten Gehorsam in allen Dingen, die Gott Tag für Tag von uns möchte, ohne daß wir dabei unserer Sehnsucht erlauben, »unsere Lebensfreude abzuwürgen«, wie Jim Elliot mir einst schrieb, lange bevor Gott uns »grünes Licht« für eine Ehe gab. Es heißt genau das, was Paulus den Christen von Philippi aus dem Gefängnis schrieb: »Sorgt euch um nichts, sondern in allen Dingen laßt eure Bitten in Gebet und Flehen mit Danksagung vor Gott kundwerden! Und der Friede Gottes, der höher ist als alle Vernunft bewahre eure Herzen und Sinne in Christus Jesus« (Phil 4,6 – 7).

Oft entstehen solche unangenehmen Situationen wie in der Geschichte von Heidi und Thomas eher durch einen Fehler der Frau als des Mannes. Das hängt damit zusammen, daß die Frauen den Männern oft zu viele Freiheiten zugestehen, daß sie sich selbst zu sehr verfügbar machen und Erklärungen fordern, wo sie schweigen sollten. Es ist gefährlich, sich in solcher Weise vorzuwagen. Wenn Sie als Frau Ihr Herz bereits verloren haben, ist es besser, in ruhigem Ton weitere Einladungen abzulehnen, als den Versuch zu machen, wenigstens Freundschaft zu bewahren. Das ist einfach nicht möglich. Es ist in jedem Falle besser, sich zurückzuziehen.

Wenn Ihr oberstes Ziel darin besteht, Christus nachzufolgen, heißt die Parole Ihres Lebens: »Mein Leben gehört dir.« Wir wollen unsere Kräfte weit mehr für den Willen Gottes und den Dienst für andere als für die Erfüllung unserer Herzenssehnsüchte einsetzen. Und das ist dann, das können Sie mir glauben, die allerbeste Vorschule für eine Ehe.

Zärtlichkeit

Es gibt keinen Mann und keine Frau, die sich nicht nach Zärtlichkeit sehnen – davon bin ich fest überzeugt

Als ich im Internat der Hochschule war, gab es da ein Mädchen, das mit mir auf dem gleichen Flur wohnte. Sie hatte eine Schar glühender Verehrer, die sie ständig verfolgten. Wenn auf unserem Flur das Telefon läutete, stand für uns von vorne herein fest das konnte nur für sie sein. Sie war ein Typ, der allem Anschein nach jeden haben konnte, den sie nur wollte, und sie begegnete den meisten mit betonter Nachlässigkeit. Doch vor allem ein junger Mann ließ sich in seinen Bemühungen, sie zu gewinnen, nicht entmutigen, obwohl sie bewußt auf Abstand blieb und ein paar seiner Einladungen ablehnte. Sie tat seine Aufmerksamkeiten leichthin ab, wie die der meisten anderen, aber als eines Tages ein Blumenstrauß eintraf, änderte sich das ganz plötzlich.

Wie jede Frau in ihrer Situation riß sie eifrig die Karte aus dem schmalen Umschlag. Es heißt zwar immer: »Laßt Blumen sprechen!«, aber wir alle wünschen uns doch auch ein paar klare Worte.

Auf der Karte stand nur: »In Zärtlichkeit, Bill.«

Ich glaube, das hat sie umgeworfen. Sie war ein lebensfrohes, kontaktfähiges, anziehendes, manchmal auch schnippisches Mädchen, aber dieses Wort drang durch den Panzer ihres äußeren Auftretens hindurch. Als sie mir die Karte zeigte, gewann ich einen ganz neuen Eindruck von dem Mann. Ein einziges, mächtiges Wort offenbarte mir sein tiefstes Wesen. Er war gar kein gutaussehender Typ, eher unauffällig. Aber plötzlich sah ich in ihm einen starken und ungewöhnlich anziehenden Menschen. Ich wußte bis dahin nicht, daß Zärtlichkeit zu einem Mann ganz unabdingbar dazugehört. Doch als ich die Karte sah, war es mir plötzlich klar, und im Geist setzte ich diese Eigenschaft auf meine Liste, wie ich mir meinen zukünftigen Mann wünschte, wenn ich jemals heiraten würde.

Nicht wie ich will, sondern wie du willst

Als Lars und ich in Georgia lebten, nahm er mich an einem Samstagabend mit nach »Swampland«, einer Einrichtung in dem kleinen Landstädtchen Toomsboro. Sie bestand aus einem primitiven Eßplatz und einem scheunenartigen Saal, in dem von vier Uhr nachmittags bis Mitternacht ein Gospelkonzert stattfand.

Wir saßen mit einer Menge Menschen zusammen, die wir nicht kannten, aßen Fisch und Fladenbrot (viel mehr stand nicht auf der Speisekarte) und beobachteten einen merkwürdigen Menschen, der dort am Kamin stand. Er wirkte wie ein Hippie in mittleren Jahren. Lange, graue Haarsträhnen hingen ihm bis auf die Schultern. Er trug ausgebeulte, geflickte Hosen, eine Jacke mit Fransen (ein Teil davon beabsichtigt und manche einfach nur Fetzen), einen Pistolengürtel und einen Hut, der so speckig war, daß Lars meinte, er würde eine Woche lang brennen, wenn er zufällig Feuer finge. Hin und wieder schob der seltsame Mann die Holzscheite im Feuer ein bißchen hin und her, im übrigen schien er aber keine Beschäftigung zu haben.

Als der Wirt des Lokals auftauchte und von einem Tisch zum anderen ging, fragten wir ihn nach unserem Original.

»Sie meinen den alten Rusty Russell dort? Sie kennen Rusty nicht?«

Wir verneinten. Wir erkundigten uns, ob er vielleicht der offiziell beauftragte »Heizer« sei.

»Nein.«

»Was macht er denn?«

»Was er macht? Nichts macht er. Er ist einfach da.« Der Wirt fing dann an, uns ein wenig mehr zu erzählen. Rusty schien aus Alabama zu stammen. Sein alter Vater hatte mit ihm zusammengelebt, und als er starb, wollte Rusty ihn in seiner alten Heimat Alabama beerdigen. Er zog ihm seinen Sonntagsanzug an, schob einen Sonntagshut auf seinen Kopf, band ihn auf den Vordersitz seines alten Fords fest und fuhr zur Stadt hinaus.

»Die Gesundheitspolizei holte ihn aber wieder ein. Es war im Sommer. Sie wollten ihm auf keinen Fall erlauben, die Leiche aus den Staaten auszuführen.

Old Rusty hatte auch mal eine Frau. Sein nächster Nachbar schien offensichtlich an ihr Gefallen gefunden zu haben. Rusty ging eines Tages zu ihm hinüber und sagte: Ich hab gesehen, daß du meine Frau gerne magst.

Hhhm', gab der zur Antwort.

Willst du sie haben? fragte Rusty.

Hhhhmmm, ja, sagte der Nachbar.

Was gibst du mir dafür?

Einen Ofen.

Den nehm ich, sagte Old Rusty.

Er tat es. Verschacherte seine Frau gegen einen Holzofen. Es war sogar ein guter. Rusty benutzt ihn heute noch. Zum Donnerwetter, er hat einen guten Handel dabei gemacht. Einen besseren als der Nachbar, vermute ich.«

Die Geschichte hatte uns amüsiert. Weniger gefiel uns die andere Geschichte, die wir letzte Woche zu hören bekamen. D.h., eigentlich waren es drei Geschichten mit dem gleichen, erschreckend vertrauten Inhalt. Drei Pastoren hatten es wie Rustys Nachbar gemacht – sie ließen ihre Augen zur Frau des Nachbarn wandern. Allen dreien gefiel es, was sie da nebenan sahen (oder genauer gesagt, auf einer ihrer Kirchenbänke). Sie schlossen sich gängigen Anschauungen und Empfehlungen an (»Du kannst alles haben«, »Mach dir bloß das Leben schön«, »Tu, wozu du Lust hast!«) und trafen ihre Wahl.

Zu den Prozessen, die den Zusammenbruch der menschlichen Gesellschaft beschleunigen, gehört das Überschwemmtwerden mit Bildern aus den Massenmedien. Dr. James Houston schreibt in seinem Buch »Ich glaube an den Schöpfer«: »Die Medien fegen uns in einen chaotischen Strudel von Einflüssen hinein, die wir nicht mehr verarbeiten können. Wir werden überwältigt von unverdauten Angaben mit endlosen, unvollständigen Alternativen für jeden Bereich des Lebens.«

Auch Christen haben inzwischen begonnen – ermutigt durch das Beispiel christlicher Führungspersönlichkeiten an allen Orten – die

Scheidung als eine Wahlmöglichkeit anzusehen. Dabei sind Eheprobleme durchaus nichts Neues. Wenn ein Mann, der ein Sünder ist, als Lebenspartnerin eine Frau wählt, die ebenfalls eine Sünderin ist, werden sie unausweichlich in Schwierigkeiten geraten. Paulus sah das ganz realistisch und äußerte sich dazu in seinem Brief an die Korinther (1. Kor 7,28): »...doch werden solche Leute (die heiraten) in äußere Bedrängnis kommen. Ich aber möchte euch gerne schonen.«

Jill Briscoe sagt, daß sie und ihr Gatte Stuart nicht miteinander vereinbar sind. Sie erzählte es vor einem großen Publikum. Und dann fuhr sie fort:»Und wir leben mit Kindern, die nicht mit uns vereinbar sind, und einem Hund, der nicht mit uns vereinbar ist und einer Katze, die nicht mit uns vereinbar ist.« Damit wollte sie zum Ausdruck bringen: Wenn man es ganz genau betrachtet, sind dann nicht alle menschlichen Wesen miteinander unvereinbar. Allesamt brauchen wir Gnade, um Tag für Tag miteinander zurechtzukommen. Der Apostel Petrus, der verheiratet war, erinnert uns daran, daß Mann und Frau »beide Erben der Gnade sind«. Gott kennt unsere Veranlagung. Er weiß, daß wir nur »Staub« sind, weiß, daß wir Gnade nötig haben, Unmengen von Gnade. Und dieser Gott füllt den Mangel aus – er gibt reichlich, genug, im Überfluß, allen, die bereit sind zu empfangen.

Wenn wir seine Gnade mit Dank empfangen, will er uns befähigen, ihm unser Ich zu opfern. Ohne dieses Opfer funktioniert keine menschliche Beziehung. Diese Gnade abzulehnen wäre dasselbe, wie wenn man sich weigert, Öl in einen Motor zu füllen. Die Maschine geht dabei kaputt. Dauernde Reibungen zwischen den Partnern führen dazu, daß alle Teile schließlich bis zum »Stillstand« verschlissen sind. Wenn aufgrund des Mangels an Gnade in einem Partner oder in beiden eine Ehe an diesem Punkt angelangt ist, dann begegnet uns die »Welt« mit ihren Ratschlägen. Durchs Fernsehen oder über andere Medien wird uns pausenlos laut und deutlich verkündet, daß wir eine Menge Alternativen haben. Die Kirche, die ständig in der Gefahr steht, sich vom Geist dieser Welt anstecken zu lassen, ist heute dabei, die angebotenen Alternativen der Gnade vorzuziehen – das »ich glaube« durch »ich fühle« zu ersetzen.

Es gibt ein ewig gültiges Wort, das uns einst gegeben wurde. Jahrtausende lang haben Christen sich auf dieses Wort verlassen, haben alle Wurzeln ihres Glaubens und ihrer Hoffnung in diesen Grund gesenkt, weil sie es für ein befreiendes, ein rettendes Wort hielten. Sie haben ihr Leben nach dem klaren und verpflichtenden Kontext dieses Wortes ausgerichtet.

Das Problem beim Fernsehen besteht darin, daß es keinen Kontext hat – nicht im Zusammenhang gesehen werden kann. Wir sitzen in unserem Wohnzimmer oder stehen – wie ich es oft tue – in der Küche und schneiden Karotten klein, während auf dem Küchenschrank ein Monitor steht. Das Programm kommt aus Hollywood oder Virginia Beach zu uns. Der Programm-Ausschnitt – eine Ecke in einem eleganten Wohnzimmer, eine Großstadtstraße, ein Schreibtisch hoch oben in einem Wolkenkratzer, oder vielleicht auch ein Botanischer Garten oder eine herrliche Kathedrale – erscheinen irgendwie unecht, selbst wenn sie in Wirklichkeit existieren. Sie haben nichts mit uns oder mit dem, was da gerade gesprochen wird, zu tun. Es gibt da keinen Zusammenhang, der mein Leben und die Existenz der gezeigten Gegenstände und Situationen umfaßt, es sei denn, man spräche vom »Zusammenhang des Nichtzusammenhängenden«, wie Georg W.S. Trow in einem Artikel des »New Yorker« es ausdrückt (17. Nov. 1980):

> »Die Arbeit der Fernsehredakteure besteht darin, unechte Zusammenhänge zu erfinden und die Enträtselung oder Auflösung bestehender Zusammenhänge aufzuzeichnen, was schlußendlich daraufhinausläuft, den Kontext eines Nicht-Kontextes zu schaffen und aufzuzeichnen... Die neue Geschichte war ein Bericht über demographisch festgehaltene, bedeutsame Vorlieben: Wie sehen die demographischen Ergebnisse hier im Gegensatz zu dort aus? Nichts wurde beurteilt, alles nur gezählt. Die Vorlieben eines Kindes hatten genausoviel Gewicht wie die eines Erwachsenen. Es fehlte der Abklärung der Fragen eben das, was für die Menschen notwendig gewesen wäre zu lernen.«

So gehört inzwischen eine Scheidung zu den Dingen, die, demographisch gesehen, auch unter Christen Bedeutung erlangt haben. Und so geht es auch mit einer Menge anderer Dinge. Das kommt daher, daß wir vergessen haben, daß unser »Kontext« – der Zusammenhang unseres Lebens – das Reich Gottes ist, und nicht das Reich dieser Welt (was im Klartext heißt: das Reich des Ich). Im Reich Gottes gibt es keine unbegrenzten Alternativen, jedenfalls nicht, solange wir in diesem vergänglichen Wirrwarr leben. Man kann nicht alles auf einmal haben. Wir dürfen nicht nach unserem eigenen Willen leben. Wir haben uns dagegen entschieden, als wir uns aufmachten, einem Meister zu folgen, der selbst auf alle seine Rechte verzichtete, auf alles Gleichsein mit dem Vater und auch auf seinen eigenen Willen. Wir sind nicht dazu berufen, daß man uns dient, sondern daß wir dienen, und wir können nicht zwei Herren gleichzeitig dienen. Wir können uns nicht in zwei feindlichen Reichen gleichzeitig bewegen. Diese Reiche sind die Alternativen, die uns offenstehen, und wir müssen uns für eine entscheiden. Es ist eine Entscheidung auf Leben und Tod – nichts anderes. Wir sollten uns nicht davon irritieren lassen, was gerade demographisch bedeutsam ist.

Ich erhalte eine Menge Briefe von jungen Leuten, die äußerst ratlos vor den Entscheidungen ihres Lebens stehen – ob es nun um Studienfächer, berufliche Karriere oder um die Ehe geht. Sie begegnen allzuviel Alternativen. Die scheinbare Grenzenlosigkeit überwältigt und verwirrt sie, manchmal geht das fast bis zur Lähmung. Kann ich als Frau eine Ehe mit meiner beruflichen Laufbahn unter einen Hut bringen?« »Läßt sich Ehe *und* Beruf *und* ein Kind vereinbaren?« »Kann ich als Frau in einer Beziehung auch die Initiative ergreifen?« »Kann ich mich als Mann auch entfalten, ohne das Haupt der Familie zu sein?«)

Zwanzig Jahre früher hatte eine wohlmeinende Mutter diese jungen Leute als Kinder vor einen Schrank mit den verschiedensten Frühstückspäckchen geführt und sie gefragt, welches sie haben wollten. Sie wußten es damals schon nicht. Seitdem gehen sie zu McDonald's, verschlingen dort »Hamburger« mit oder ohne Zwiebeln, mit oder ohne Senf, Gewürzen, Ketchup, Soße oder anderen Zutaten. Sie denken immer noch, daß sie alles haben können. Und sie wissen immer noch nicht, was sie wirklich wollen. »Warum hört ihr nicht auf, euch verzweifelt zu fragen, was ihr wollt?« schlage ich ihnen vor. »Versucht doch einmal zu erkennen, was *euer Meister* will.«

Die drei Pastoren glauben, das zu wissen. Sie sind davon überzeugt, die falsche Frau geheiratet zu haben. Das war ein jugendlicher Fehler. Jetzt haben sie sich auseinandergelebt. Die Kinder werden nicht darunter leiden, wenn sie »vernünftig« mit dem Problem umgehen. So sagen sie. Sie sind es sich selbst schuldig, diesen mutigen und kreativen Schritt zu gehen. Gott will doch, daß sie glücklich sind. Natürlich ist es ein Sprung und ein Risiko, und es muß ein Preis dafür gezahlt werden, aber das ahnt ja keiner, wie befreiend, wie erlösend sich das auswirkt! Wie weit wird der Horizont dadurch! Warum sollte man sich diese Chance entgehen lassen? Die neue Frau hat Verständnis und gibt Bestätigung und Erfüllung, wozu die arme erste niemals fähig war. Und dann taucht im Gedächtnis vielleicht noch eine uralte Schlagzeile auf: »... das Leben zu verpassen wäre eine Sünde.«

Wechseln Sie doch einmal den Fernsehsender! Schauen Sie sich nur ein paar Minuten das Leiden dieser Welt an, wie es in der Abendschau gezeigt wird. Dann schalten Sie wieder zurück. Schauen Sie sich nun wieder die schönen, gepflegten Menschen an, wenn Sie noch Lust darauf verspüren. Dort sind sie. Sie können auch so schön sein! Sie können tun, was diese tun, dahin gehen, wo diese hingehen! Lufthansa wird sie empfangen und mitnehmen – auf und davon! American Express macht's möglich! Machen Sie eine Legende aus Ihrem Leben! Bezaubern Sie eine Urlaubsgesellschaft! Verfeinern Sie Ihre Duftnote! Tun Sie sich selbst etwas Gutes an! Seien sie erfolgreich! Probieren Sie alles aus! Erleben Sie all die Möglichkeiten, die Sie beim Ansehen bereits wohlig erschauern lassen!

»Jetzt ist's die Blume
die mir zu Füßen blüht.
Doch wie soll ich entscheiden – wenn...
»Karthagos Rose« glüht?

So schrieb eine Dichterin vor Jahrzehnten. In den neunziger Jahren scheinen die Möglichkeiten, die sich bieten, noch unbegrenzter und verlockender zu sein. Die entlegensten Winkel der Welt sind immer leichter erreichbar, und die Freuden der Sünde sehen immer harmloser aus. Daß man sich solche Wünsche erfüllt, gilt auch gar nicht mehr als Luxus. Für einen Mann oder eine Frau, die etwas auf sich halten, gehört das heute ganz einfach dazu.

Es ist viel Platz auf der Straße, die in dieses Reich führt, und viele sind auf ihr unterwegs. Aber es ist auch immer noch wahr, daß das Tor, das zum echten Leben führt, eng ist und der Weg schmal, und daß nur wenige Tor und Weg finden.

An einen Mann,
der sich zur Scheidung entschloß*

Lieber Richard,
es war für mich wie ein Tritt in den Magen, als ich hörte, daß Du Dich entschlossen hast, Dich von Betty und den Kindern zu trennen. Wir hatten schon vor einigen Monaten gehört, daß es bei Euch Schwierigkeiten gab. Wir wußten nicht, um was es sich handelte und wie ernst es war. Aber wir haben für Euch gebetet. Du hast Dich zur Scheidung entschlossen, und nun ist alles vorbei. Oder nicht? Du hast nun Deine sogenannte »Freiheit«, lebst im Wohnheim der Universität und kannst tun, was Du willst. Du trägst keine Verantwortung mehr für die Familie und brauchst Dir keinen Verzicht aufzuerlegen, während Betty sich nach einer Arbeit umsieht. Ihre Eltern sind eingesprungen, um mit dem zu helfen, was Du einst versprochen hast – sie kümmern sich um Betty und die Kinder.

Ich habe Dir geschrieben und Dich gebeten, von Dir hören zu lassen. Es kam kein Anruf. Ich kann verstehen, warum Du nicht mit mir oder sonst jemand über die Gründe sprechen willst, die Dich zu diesem Schritt geführt haben. Du möchtest Dir Deine Entscheidung nicht ausreden lassen. Deine Begründung für die Scheidung – so wurde mir gesagt – war, daß Du kein Ehemann und kein Vater sein wolltest. So einfach. Bloß, wenn ich das sagen darf: das hast Du Dir ziemlich spät überlegt.

»Einen Augenblick, bitte«, wirst Du sagen. »Du kennst nicht die ganze Geschichte.« Das stimmt zwar. Es wird wohl auf beiden Seiten eine Menge geben, was ich nicht weiß. Aber eines weiß ich: Du hast ein Gelöbnis abgelegt, Betty in Krankheit und Gesundheit, in reichen

---

* Dieses und die beiden folgenden Kapitel wurden in Wirklichkeit niemals als Briefe abgeschickt. Ich habe darin nur niedergeschrieben, was ich einem Paar in der Krise raten würde, solange noch die geringste Aussicht auf Versöhnung bestünde.

und armen, guten und bösen Zeiten treu zu bleiben – so lange ihr beide lebt. Was hast Du Dir bei diesen Worten gedacht? Ein richtiger Mann (d.h. ein aufrichtiger Mann) ist immer einer, der sein Wort hält.

Du bist ein Kind Deiner Generation. Ich kann Deine Antwort förmlich im Geist hören: »Aber ich habe mich verändert. Und Betty hat sich auch verändert. Sie ist nicht mehr die Frau, die ich geheiratet habe. Und ich bin auch nicht mehr der Mann, der diese Worte damals in den Mund nahm (es waren ja doch bloß Worte, leere Tradition, eine Zeremonie, die wir über uns ergehen ließen, um die Gesellschaft zu befriedigen). Es sind Dinge geschehen, die alles verändert haben. Läßt du mich jetzt endlich in Ruhe?«

Du bist in einer Zeit aufgewachsen, in der die Menschen erklären, daß sie von dem, was sie »anderer Leute Moralvorstellungen« nennen, unabhängig sind. »Was für ein Recht haben andere, mir zu sagen, was ich tun soll? Ich muß das tun, was mir recht erscheint«, so jammern sie. Als ob Selbstsucht für den einen Menschen destruktiv und für den anderen aufbauend wirken könnte, als ob die Zielsetzung, das Glück anderer vor das eigene zu setzen, tatsächlich nicht mehr zu einem Ehevertrag in den achtziger und neunziger Jahren dieses Jahrhunderts passen würde.

Du hast nun Deine Freiheit, sagte ich anfangs. Aber das ist nur eine Frage der Formulierung. Es gibt im ganzen Universum keine Freiheit außerhalb derjenigen, für die wir am Anfang der Weltgeschichte geschaffen wurden: Gott zu ehren. Ich sage Dir damit nichts, was Du nicht schon von Deiner Jugend an gewußt hast. Und Du weißt auch, daß alle Entscheidungen im Leben letztlich auf eine einzige hinauslaufen: Gott oder ich. Du suchst nach einem Platz in Gottes weiter Welt, an dem Du nicht vor einer so radikalen Wahl stehst. Du wirst ihn niemals finden.

Du glaubst, daß Du es Dir aussuchen kannst, ob Du noch länger Ehemann und Vater sein willst oder nicht. Das ist so, als ob jemand sagen würde: »Haltet die Welt an! Ich will aussteigen!« Die Wahrheit ist doch, daß Ihr, Betty und Du, »ein Fleisch« geworden seid. Eine Scheidungsurkunde macht das nicht rückgängig. Ihr beide habt zwei Söhne gezeugt. Daß Du sie verläßt, hebt Deine Vaterschaft nicht auf. Es werden immer Deine Kinder sein, und sie werden immer wissen, daß Du sie abgeschoben hast. Ich habe keine Ahnung von den rechtlichen Regelungen, die Ihr getroffen habt, ob Du »Besuchsrecht« hast oder was sonst vereinbart ist. Das sind nur juristische Anordnungen. Die nackte Tatsache bleibt im Raum stehen, daß Du nicht nur die Gabe der Vaterschaft zurückgewiesen hast, sondern auch die Gabe, Ehegatte, Haupt und Priester der Familie zu sein, zu deren Gründung Du Dich vor Gott entschlossen hattest.

»Betty kann wieder heiraten«, sollst Du gesagt haben. Vielleicht kommt es dazu. Dann werden Deine Kinder einen Stiefvater bekommen, der sie möglicherweise so liebt, wie es Deine Aufgabe gewesen wäre, und der die Verantwortung für sie auf sich nimmt, die Du abgeschüttelt hast. Kein Einwand Deinerseits, daß Du sie wirklich liebst, daß Du sie ernsthaft von Zeit zu Zeit zu sehen wünschst und daß Du ihre Rechnungen bezahlen willst, kann jemals die Tatsache wegschieben, daß Du sie verlassen hast. Die Situation wurde ungemütlich für Dich, da hast Du Dich ihr entzogen.

Du leistest jetzt Deinen Militärdienst ab, Richard. Auch da mögen die Dinge nicht immer so laufen, wie man sich das wünscht. Aber ich vermute, daß Ihr vereidigt worden seid. Du hast Dein Wort gegeben, Deinem Land zu dienen, den Regeln zu gehorchen und loyal zu sein. Haben wir als Bürger der Vereinigten Staaten irgendeinen Grund zu der Annahme, daß Du Dein Wort auch hältst, wenn Du nach einer Weile merkst, daß Du Dich verändert hast und daß auch die Umstände sich geändert haben und überhaupt die ganze Situation nicht so ist, wie Du sie erwartet hast? Willst Du diese Probleme auch lösen, indem Du das Versprechen brichst, das Du durch einen Eid bekräftigt hast? Oder ist Dein Wort Deinem Land gegenüber mehr wert als das Wort, das Du Gott und Euren Trauzeugen gegeben hast, vor denen Du Betty Treue gelobtest?

Im Geist führst Du wahrscheinlich Zwiegespräche mit denen, die Dein Handeln verurteilen, z.B. mit Leuten wie mir. Du wirst darin beweisen, daß Du so handeln mußtest, daß Du es nicht länger ertragen konntest, daß es am Ende gut ausgehen wird und daß diese Lösung für Betty und die Jungen die beste ist. Ich hoffe, daß Du solche Zwiegespräche führst, weil daran erkennbar würde, daß Du es nötig hast, Dein Handeln zu rechtfertigen. Ein Tun, das einwandfrei in Ordnung ist, hat keine Rechtfertigung nötig.

Ich wage es außerdem zu hoffen, daß Du in einigen schlaflosen Nachtstunden in Deinem einsamen Bett zugibst, daß Du nicht die Freiheit gefunden hast, die Du Dir wünschtest. Du wirst in klaren Augenblicken der traurigen Wahrheit ins Gesicht sehen, daß Du Dich durch Dein Weggehen unwiderruflich verändert hast. Wenn Du auch nur zur Hälfte der Mann bist, für den wir Dich immer hielten, dann haßt Du Dich jetzt für das, was Du getan hast. Die Argumente, die Du angeführt hast – Du wolltest aufrichtig sein, Deine Ehe wäre eine Lüge gewesen, Du hättest endlich Deine wahren Gefühle erkannt und den Mut aufgebracht, den Konventionen und den Erwartungen aller, die Dich liebhaben, zu trotzen –, diese Argumente klingen allmählich hohl. Du weißt, daß die »wahren Gefühle« von uns allen fast immer selbstsüchtig sind, und was wir bequemerweise »Konventionen« nennen, könnte auch (und in diesem Fall ist das ganz sicher so) das klare Gebot Gottes sein:

»Was nun Gott zusammengefügt hat, das soll der Mensch nicht scheiden« (Mt 19,6).

Ich hoffe inständig, daß Du nicht so tief gesunken bist, daß Du Dich nicht mehr schämst über Dein Verhalten.

> »... Mit dem Versuch, die Scham auszurotten«, schreibt C.S. Lewis, »reißen wir eine von den Schutzmauern des menschlichen Geistes nieder, worüber wir irrsinnigerweise noch triumphieren – so wie die Troer triumphierten, da sie ihre Mauern niederrissen und das Pferd in die Stadt hineinzogen. Ich weiß nicht, was anders man da tun könnte, als sobald wie möglich an den Wiederaufbau zu gehen. Es ist Wahnsinn, die Heuchelei beseitigen zu wollen, indem man den Anreiz zur Heuchelei beseitigt. Der »Freimut« von Leuten, die so tief gesunken sind, daß sie sich nicht mehr schämen, ist ein sehr billiger Freimut« (C.S. Lewis, Über den Schmerz).

Was Du getan hast, ist abscheulich. Verständlich vielleicht, aber abscheulich. Ich weiß das von der Bibel. Sie sagt: »Gott haßt die Scheidung.« Wenn wir sie nicht ebenfalls hassen, stehen wir nicht auf der Seite Gottes. Ich wage zu hoffen, daß Du von Dir selbst immer noch glaubst, daß Du auf seiner Seite stehst, und daß Du deshalb – wenigstens wenn Du nicht gerade auf die Einflüsterungen Satans hörst – tief beschämt bist. Darin besteht Deine Hoffnung auf Erlösung. Solange Du nicht akzeptierst, wie Gott die Dinge einschätzt, wirst Du allerdings niemals nach seiner Erlösung suchen.

Deine augenblickliche Unzufriedenheit ist eine Gnade Gottes, die Dir Gelegenheit zur Reue gewähren will. Jede Ahnung, die in Dir aufsteigt, daß alles so, wie es ist, nicht in Ordnung ist, ist die stille leise Stimme, die Dich zur Umkehr, zur Versöhnung und zur Wiederherstellung Eurer Beziehung ruft. Wirst Du den Weg zu einem neuen Anfang antreten – so schnell Du kannst?

Der »unschuldige« Teil

Als dieser Brief an einen Mann, der sich zur Scheidung entschlossen hatte, veröffentlicht wurde, bekam ich von einem Leser zu hören, ich sei übermäßig hart mit Richard ins Gericht gegangen. Von Liebe sei in dem Brief nichts zu spüren. »Ich kann mir nicht vorstellen, daß Jesus so mit einem Menschen geredet hat«, schrieb er mir. »Es hört sich an, als ob Richard der absolut Böse und Betty das Unschuldslamm sei.«

Wir wollen einen Augenblick darüber nachdenken. Die Härte, so vermute ich, begegnete dem Leser zunächst in der Wendung, daß mir die Nachricht von der Scheidung wie »ein Tritt in den Magen« vorgekommen sei – in anderen Worten, daß sie mich persönlich verletzt hätte. Die Nachricht von einer Scheidung sollte für einen Christen immer etwas Verletzendes haben, weil wir wissen, wie Gott darüber denkt. Der angeführte Fall war für mich in besonderer Weise schrecklich, weil ich zufällig beide liebte – sowohl Richard als auch Betty. Wenn mein Brief an Richard jemandem lieblos erscheint, so liegt das vielleicht daran, daß dieser Leser glaubt, daß sich Liebe und sachliche Beurteilung eines Falles grundsätzlich ausschließen. Dahinter steckt die Auffassung: »Einem Menschen, den man liebt, darf man niemals etwas sagen, was ihn unangenehm berührt.«

Ich überlege, wie aufmerksam mein Kritiker die Evangelien gelesen hat. Jesus sagte den Menschen oft unangenehme Dinge. Manchmal machte er sie sogar wütend. Und ich überlege weiter, wie gründlich sich mein Leser mit den Briefen von Paulus, Petrus und Jakobus beschäftigt hat. Diese Briefe lehren uns klar und nachdrücklich, daß wir Dinge so nennen sollen, wie Gott sie nennt. Wenn es sich um Sünde handelt, sollen wir es auch Sünde nennen. Und wir sollen es als Sünde behandeln.

Das gilt natürlich zuerst für unsere eigene Sünde. Wir werden selbst durch das Wort Gottes gerichtet. Es ist das gerade Lineal, an dem unser krummes Leben gemessen wird. Wir wollen unsere eigenen Sünden bekennen und sie ablegen – uns von ihnen trennen. Dann, wenn wir das getan haben (Jesus hat es sehr anschaulich erklärt) – wenn wir den »Balken« aus unserem eigenen Auge genommen haben –, dann werden wir auch gut genug sehen können, um den »Splitter« aus dem Auge eines anderen zu ziehen. (Ist es nicht ein Akt der Freundlichkeit, jemandem einen Splitter zu entfernen?)

»Ach, hören Sie auf! Was glauben Sie denn, wer Sie sind?« höre ich im Geist jemand sagen. »Was wissen Sie denn von der Situation zwischen einem Mann und seiner Frau? Sie können das gar nicht beurteilen. Kümmern Sie sich um Ihre eigenen Angelegenheiten!«

Ich sagte bereits in meinem Brief an Richard, daß es vieles auf beiden Seiten gibt, das ich *nicht* weiß. Ich schrieb ihm auch nur von den Dingen, *die* ich *wußte*: Er hatte ein öffentliches Gelöbnis abgelegt und hatte es gebrochen. Ich hoffte, daß es noch Zeit zur Reue gab, daß eine Beziehung wieder hergestellt, ein zerschlagenes Heim wieder aufgebaut und die entsetzlichen Wunden von zwei kleinen Kindern geheilt werden konnten.

Aber hatte ich damit gesagt, daß Richard böse war und Betty gut? Ich meine nicht. Es ist ein ziemlich verworrener Denkvorgang, wenn jemand zu dem Ergebnis kommt, daß die Schuld des einen notwendigerweise die Unschuld des anderen bedeute. Lassen sie uns annehmen, daß Betty eventuell mehr Schuld trug an der Situation als Richard. Er hatte versprochen, sie zu lieben und für sie zu sorgen in guten und bösen Tagen. Das Versprechen hatte er gebrochen. Daß Richard damit Sünde tat, war eindeutig klar, und das habe ich zum Ausdruck gebracht. Ich habe nicht gesagt, daß Betty keine Sünde beging. Der Mensch, gegen den ein anderer sündigt, ist nicht unbedingt unschuldig. Im Gegenteil. Wenn man von der menschlichen Natur ausgeht, so vergrößert gerade der Tatbestand, daß jemand gegen einen gesündigt hat, auf dramatische Weise den Bereich der Versuchungen zur Sünde. Ich hatte keine Gelegenheit zu erfahren, welche Schuld Betty auf sich geladen hatte; aber ich gehe davon aus, daß sie nicht frei davon blieb. Da sie eine Frau ist, vermute ich, daß sie mir ähnlich ist. Und ich hätte an ihrer Stelle voller Stolz zuerst schweigend reagiert, dann verletzt, dann deprimiert, dann wütend und schließlich rachsüchtig. Ich wäre in Selbstmitleid ertrunken und hätte eine Menge Zeit und emotionale

Kraft damit verschwendet, mir Wege der Vergeltung auszudenken und gleichzeitig Richard zu verdammen und mich selbst zu rechtfertigen. Das heißt im Klartext, ich hätte mich keinesfalls als unschuldig bezeichnen können.

So also hätte ich vermutlich reagiert, wenn Dick mir gesagt hätte, daß er mich verlassen würde. Der Mann, der mir schrieb, hatte eine ganze Liste von Vermutungen aufgestellt, was Betty wohl vor und nach Richards Entscheidung getan haben könnte. »Ich erwarte von Ihnen«, so schrieb er, »daß Sie auch an Betty einen Brief schreiben, und ihr vorhalten, wie sie alles nach ihren Vorstellungen hatte gestalten wollen, wie sie oft gemein und spöttisch reagierte und das Beste für die Kinder vorschob, um ihren Willen durchzudrücken. Wie sie erst alles getan hatte, um sich Richard zu angeln, und dann das Spiel nicht weiter verfolgt hatte. Wie sie Richard schließlich davon überzeugte, daß es den Kindern ohne ihn besser gehen würde, als wenn sie eine ständige Ursache des Streites zwischen ihnen wären! Und wie sie sich dann als Heldin aufführte und Richard in ein schlechtes Licht stellte! Wie sie ihr Ego aufpolierte, indem sie sich selbst nicht nur als die Pflegerin der Kinder ausgab, sondern auch als die Ernährerin der Familie! Wie sie nun in ihrer Selbstgerechtigkeit die Kinder so erziehen wird, daß sie sich von dem schlechten Vorbild ihres Vaters abwenden!«

Betty hat möglicherweise in all diesen Punkten gesündigt. Vielleicht sogar darüber hinaus. Und die Liste der Vergehen und der Kränkungen, die auf Richards Konto kommen, ist vielleicht noch länger. Ich kenne weder die eine noch die andere Seite der schlimmen Geschichte in ihren Einzelheiten. Ich bin sicher, wenn ich Bettys Version hören würde, lägen meine Sympathien bei ihr. Wenn Richard mir am nächsten Tag seine Sicht der Dinge mitteilen würde, würden sich meine Sympathien umgehend auf ihn verlagern. Ich würde dann wahrscheinlich den Schluß ziehen, daß beide im Recht und beide im Unrecht sind, daß eine Menge auf beiden Seiten zu sagen ist, und wir würden die Hände ringen und schließlich sagen: »Seht, wie ihr miteinander fertig werdet. Ich sehe keine Möglichkeit, eine Lösung zu finden.« Richard ginge dann zum Psychologen, der sich selbst als Christ bezeichnet (so sagt man mir). Dieser würde aber etwa nicht Richard ermutigen, Betty im Gehorsam gegenüber Gott trotz allem mit Liebe zu akzeptieren und somit die Scheidung zu vermeiden, sondern lediglich versuchen, ihm zu helfen, »mit seinen Gefühlen zurechtzukommen«, nachdem die Scheidung ausgesprochen wäre.

Ich gebe zu, daß ich die Geschichte nicht gut genug kenne. Aber ich kenne den einen, *der sie kennt* – von jeder Seite – und ich weiß, *daß es immer möglich ist, zu tun, was er von uns verlangt.*

Die Schauspielerin Katharine Hepburn hatte wenig Geduld mit Schauspielern, »die sich der komplizierten Selbstprüfung irgendeiner Methode verschrieben«, hieß es einmal in der »Time«. »Tut, was das Drehbuch euch vorschreibt«, sagte sie. »Erfüllt die Erwartungen ohne Kommentar. Lebt sie aus – tut sie – oder haltet den Mund. Das einzige, was wichtig ist, ist der Autor des Drehbuches.« Ähnliches gilt auch für uns Christen. Es gibt auch für uns ein Drehbuch. Wenn das nicht so wäre, müßten wir uns schlecht und recht selbst durchschlagen in der Hoffnung, durch Selbstbeobachtung und Experimente auf die Dauer etwas Brauchbares zu entdecken. Doch Gott hat uns nicht diesen eigenen Versuchen überlassen. Er wußte, was die Sünde aus uns machen würde. Er hat Vorsorge für uns getroffen. Laßt uns das ausleben, was er uns anbietet, es tun, oder den Mund halten und nicht länger vorgeben, daß wir Christi Nachfolger seien. Die Frage, um die es hier geht, ist nicht, ob Richard gute Gründe hatte, seine Familie zu verlassen, sondern ob er, von der Heiligen Schrift her gesehen, die Wahlfreiheit zu diesem Schritt hatte. »Über ein Drehbuch haben wir nie diskutiert«, sagte Frau Hepburn, »wir befolgten es. Ganz natürlich und wie von selbst kamen wir in das hinein, was ich eine notwendige Harmonie nenne.« Das ist vermutlich im Theater leichter als in dem Wirrwarr und den Schmerzen einer realen Ehe, aber es gibt so etwas wie einen »Zwang zur Harmonie« für uns alle. Selbst wenn wir unsere Probleme nicht lösen können, können wir Gott gefallen. Selbst wenn einer der Partner Gott nicht gehorcht, kann der andere es trotzdem tun. Mein Mann Lars und ich haben erfahren, daß das möglich ist. Wir sind zwar schlechte Schüler (»Toren und trägen Herzens zu glauben...«), versuchen aber doch täglich, unsere Lektion in der Schule des Gehorsams zu lernen. Und dabei entdecken wir immer wieder neu die Wahrheit des alten Evangeliumsliedes: »...nur mit ihm geh froh ich ein und aus; Weg und Ziel find ich bei keinem andern. Er allein bringt Heil in Herz und Haus...«

Es gibt heute eine gängige Ansicht, daß alles – was wir auch sind und wo wir auch sind – irgendwie festgelegt und unvermeidlich ist, während das alte Wort Gottes gebeugt werden muß. Da betrügt z.B. eine Studentin die Universität, indem sie abschreibt, und dafür wird ihr das Diplom verwehrt. Sie ist der Meinung, daß sie ein Recht auf die Urkunde hat, obwohl sie beim Schwindeln ertappt wurde. So geht sie vor Gericht. Eine andere Frau entschließt sich zur Abtreibung. Für sie steht fest und ist es nach ihrer Überzeugung unvermeidlich, daß sie das loswerden muß, woraus ein Kind entstehen könnte – ungeachtet der Möglichkeit, daß das dann Mord ist.

Zu lieben, zu sorgen, zu teilen und zu wagen bedeutet in der christlichen Gemeinde allzu oft, z.B. Richard zu sagen: »Du bist o.k., du mußt dein eigenes Leben leben!« und Betty zu sagen: »Niemand kann dir die Schuld für dein Selbstmitleid geben.«

Schuld? Die Frage ist hier, wer die Schuld zuweist. Da gibt es dieses alte Wort Gottes, fest und unerschütterlich, das in alle Ewigkeit Gültigkeit hat.

Die augenblickliche Situation ist nur wie Gras, das vergeht – wie eine Blume, die welkt. Wir müssen damit aufhören, das Wort Gottes verändern zu wollen, damit es in unsere Situation paßt. Wir sind es, die sich unter dieses Wort beugen müssen, unser Hals muß sich diesem Joch fügen. Liebe ist kein angenehmes Gefühl, sondern ein flammendes Gebot: »Du sollst lieben!« In Richards und Bettys mißlicher Lage kann ich nur ahnen, wie tief das Feuer alles durchglühen muß, wenn sie sich zum Gehorsam entschließen. Ich kann es deshalb ahnen, weil ich mein eigenes, sündiges Herz kenne und weiß, wieviel Schlacken noch darin sind, die durch das läuternde Feuer ausgestoßen werden müssen. Und ich weiß auch, wie schrecklich es oft für mich ist, mich dem Wort Gottes zu unterwerfen, das nicht das geringste Körnchen Selbstmitleid erlaubt und auch keine Selbstverteidigung, Selbsterhöhung, Selbstrechtfertigung oder irgend etwas, das das Ich in den Mittelpunkt stellt.

Eine junge Frau rief mich vor einiger Zeit an und schilderte mir ein fast unlösbares Eheproblem. Mein Herz stand ganz und gar auf ihrer Seite. Sie lebt mit einem Mann, der auf mich und auch auf andere »unmöglich« wirkt. Was er von ihr verlangt, ist unvernünftig und absurd.

»Er will, daß ich das und das tue, aber ich werde es nicht tun!« so tönte ihre Stimme durchs Telefon. Ich wußte wenig darauf zu sagen, außer, daß ich weiterhin für sie und ihren Mann beten würde.

»Ich vermute, du würdest das eine Patt-Situation nennen, nicht wahr?« fragte sie nun. Sie hatte recht. Dann gab es eine Pause. Schließlich sagte sie: »Elisabeth, weißt du, ich habe den starken Eindruck, daß es auch eine Patt-Situation bleiben wird, bis *ich* etwas tue. Ich habe das Empfinden, daß Gott von mir verlangt, mich Jack zu unterwerfen. Glaubst du, daß das richtig ist?«

»Ja.«

»Ich glaube aber, daß ich das von mir aus gar nicht fertigbringe. Ich kann es einfach nicht tun. Ich hoffe inständig, daß Gott es mir leicht macht... aber es sieht nicht danach aus, oder?«

»Das finden wir in der Bibel öfter, daß Gott Menschen an eine Stelle führt, wo sie eine unmögliche Entscheidung treffen müssen (denken wir nur an die Israeliten im Alten Testament, oder den Mann mit der verdorrten Hand im Neuen Testament), und an diesem Punkt hängt alles von ihnen ab. Den Gehorsam zu verweigern, wenn die verlangte Entscheidung klar ist, bedeutet das Ende des Segens«, sagte ich, »Gehorsam dagegen führt zu ungeahnten Lösungen«.

Ich wußte, wie furchtbar die Wahl in ihrem Fall war. Gott wußte es auch. Doch Gott übernimmt ja auch die Verantwortung für das Ergebnis, wenn eine Entscheidung im Gehorsam ihm gegenüber getroffen wird. Darauf können wir uns zu jeder Zeit verlassen. Menschliche Beziehungen stellen oft »unlösbare« Probleme dar. Die Sünde scheint uns in ihren Netzen hoffnungslos zu verstricken, und in dem Knäuel von Verwirrungen suchen wir verzweifelt nach Lösungen: Scheidung, Abtreibung, Prozesse bieten sich an. Natürlich verstehen uns die Menschen dabei. Natürlich haben sie auch Mitleid mit uns. Manche kritisieren und verurteilen uns allerdings auch, als ob sie selbst niemals in eine solche Situation kommen könnten. Das ist falsch! Und wenn ich das so sage, ist das auch ein Urteil. Aber es ist nicht mein Urteil. Es ist das Urteil der Bibel. Sie sagt uns, daß wir nicht richten sollen, verbietet uns aber nicht, unsere kritischen Fähigkeiten zu nutzen. Wir sollen uns nur nicht selbst als gerecht und immun hinstellen gegenüber der Sünde, die wir richten. »Richtet gerecht«, sagt Jesus (Joh 7,24).

Wir legen uns selbst viele Fußangeln, wenn wir vergessen, wie sehr wir in der Sünde verhaftet sind und wie nötig wir das Drehbuch brauchen. Wir geraten in die Klemme und erklären uns bankrott. Dann kann niemand mehr moralische Ansprüche an uns stellen. Wir sind, geistlich gesprochen, »raus aus dem Geschäft«, haben »geschlossen«. Wir gehen unserer Wege, bieten denen, die uns kritisieren die Stirn, sagen ihnen, daß Richten immer unrecht ist (was auch ein Urteil ist, wenn auch nicht auf der Basis der Heiligen Schrift).

Der Briefschreiber gab mir zu bedenken, daß wir alle irgendwann schon einmal ein Gelöbnis gebrochen haben. Er meinte, daß Richard das Beste tat, was ihm möglich war, und daß ich die Dinge nicht noch schlimmer machen sollte als sie schon wären, indem ich ihm auch noch ein schlechtes Gewissen verursachte. Stattdessen sollte ich ihm mit Liebe begegnen – mich um ihn kümmern und ihn nicht mehr so hart kritisieren. Dann wies er noch darauf hin, daß Scheidung in biblischen Zeiten eine allgemein übliche Sache gewesen sei und daß es besser sei, sich zu trennen, als im Haß miteinander zu leben. Und warum sollten wir alle nicht einfach versuchen, das Gute zu unterstützen, und aufhören, das Schlechte zu verurteilen?

Mein Briefschreiber warf offensichtlich einige Dinge durcheinander. Er wollte demütig und vernünftig und liebevoll sein, ganz bestimmt. Trotzdem war das Ergebnis seiner Bemühungen verworren. Wir wollen versuchen, die Dinge zu klären. Wenn sündige Menschen in derselben Welt zusammenleben, und vor allem, wenn sie am selben Arbeitsplatz stehen oder im gleichen Bett schlafen, dann werden sie immer wieder aneinander schuldig. Die Schwierigkeiten bleiben einfach nicht aus. Manche sind sehr ernsthafter Natur und nicht leicht zu lösen. Gott weiß alles darüber, und er kannte die Probleme schon, ehe sie überhaupt auftraten. Und er traf Vorsorge. Sein Sohn trug einst all diese Lasten – allen Kummer, alle Sorge, alle Krankheit, alle Sünden – für uns am Kreuz. Aber warum um alles in der Welt (oder im Himmel) sollte er das getan haben? Warum »sollte« er? Er »sollte« nicht, aber er tat es. Aus Liebe. Aus der Liebe heraus, die stärker ist als die Sünde, stärker auch als der Tod.

Und da liegt die tiefgründige Lektion für uns – mitten in unseren Schwierigkeiten. Um uns daraus zu retten, verzichtete Christus auf seine Rechte. Sind wir seine Nachfolger? Dann wollen wir einen scharfen Blick darauf werfen, welches Recht wir haben, etwas von anderen zu erwarten.

Was konnte Betty rechtmäßig von Richard erwarten? Liebe! »Ihr Männer, liebet eure Frauen!« (Eph 5,25). Was konnte Richard rechtmäßig von Betty erwarten? Unterordnung und Respekt. »Ihr Frauen, ordnet euch euren Männern unter wie dem Herrn« (Eph 5,22) und »Die Frau aber ehre den Mann« (Eph 5,33). Und wenn der Mann nicht das tut, was er sollte? Und wenn die Frau darin ebenfalls versagt? Sehen wir uns doch einmal um – in dieser Welt bekommt niemand das, wozu er eigentlich berechtigt ist. Die Lösung der Welt für dieses Problem heißt: Kampf. Die Lösung des Christen heißt: Loslassen. Gott bekam auch nicht das, worauf er ein Recht gehabt hätte – die Liebe und den Gehorsam der Geschöpfe, die er ins Leben gerufen hatte. Statt dessen erntete er Auflehnung und Ungehorsam. Adam und Eva brachten die ganze Schöpfung durcheinander, und wir hören nicht auf, jeden Tag neue Verwirrungen zu schaffen.

In unserem Drehbuch heißt es: »Seid unter euch so gesinnt, wie es auch der Gemeinschaft in Christus Jesus entspricht: Er, der in göttlicher Gestalt war, hielt es nicht für einen Raub, Gott gleich zu sein, sondern entäußerte sich selbst und nahm Knechtsgestalt an...« (Phil 2,5–7).

Was Christus aufgab, war nicht seine göttliche Natur (die Menschen fürchten ständig, ihre Persönlichkeit zu verlieren), sondern die Herrlichkeit, zu der seine Natur ihn berechtigte. Er war Gott von Natur und wurde freiwillig Sklave. Doch der Vater gab ihm später alles, was er aufgegeben hatte, ein grenzenloses Maß an Herrlichkeit, zurück.

Was für ein Drehbuch! Was für eine Lektion! Das Christentum hat immer auf dem *Recht der anderen* bestanden. Ein Christ wirft sein eigenes Leben in die Waagschale, um die Rechte der anderen zu wahren. Und sollte in ihm die Frage aufsteigen: »Habe ich denn keine Rechte?« dann lautet die Antwort: »Der Knecht ist nicht größer als sein Herr« (Joh 13,16).

Also, Betty, denk darüber nach! Richard, überleg es dir! Und Gott helfe mir (Elisabeth Elliot), wenn die nächste Prüfung kommt! Vielleicht ist sie keine fünf Minuten entfernt.

Ist Scheidung der einzige Ausweg?

Jede Entscheidung, die im Leben fällt, wird in einem bestimmten Zusammenhang getroffen. Im vorletzten Kapitel schrieb ich einen Brief an Richard, der sich zur Scheidung entschlossen hatte. Dann schrieb ich über Betty, die Frau, die er verlassen hatte. Welche Überlegungen hatte sie angestellt, welche Entscheidungen hatte sie, das »Opfer«, der »unschuldige Teil«, getroffen? Hiermit wende ich mich jetzt an beide – mit Zittern allerdings. Wahrscheinlich ist es das Letzte, was sie von mir oder anderen hören wollen, daß sie sich versöhnen sollen. Die Hoffnungslosigkeit hat sie vermutlich längst erfaßt, wenn nicht sogar der reine Haß. Sie sind davon überzeugt, daß sie nichts unversucht gelassen haben und dabei immer nur auf Fehlanzeigen gestoßen sind. Die Würfel sind gefallen. Im Grunde ist die Scheidung längst vollzogen. Nun müssen sie sehen, wie jeder mit seinem Leben fertig wird.

Doch die Sache mit dem Leben mit Gott und für Gott ist niemals zu Ende – erst dann, wenn wir die Tore des »himmlischen Jerusalems« erreichen (»Zu Ende« habe ich gesagt? Aber dann fängt es doch erst wirklich an!). Ich möchte mich jetzt an den Mann oder die Frau wenden, in deren Herzen sich immer noch die Sehnsucht nach Harmonie mit Gott regt, auch wenn sie innerlich kaputt und belastet sind. Denken Sie nicht: Da ist ohnehin nichts mehr zu machen! Hören Sie nicht auf Empfehlungen, die dem Willen Gottes nicht entsprechen! *Der* Mensch wird »gesegnet« genannt – was soviel wie glücklich heißt – der nicht »dem Rat der Gottlosen« folgt (Ps 1,1).

Das Problem für die Menschen ohne Gott ist, daß sie sich immer nur auf sich selbst beziehen können. So versuchen sie alles, was für sie den Eindruck erweckt, es könnte zu einer Lösung führen. Das einzige, was wirklich zählt, lassen sie dabei aus. Es wäre vielleicht nicht der kürzeste Weg zu unmittelbaren Lösungen, aber dafür der einzige Weg zum Glück. »Wohl dem, der nicht wandelt im Rat der Gottlosen noch tritt auf den Weg der Sünder... sondern hat Lust am Gesetz des Herrn« (Ps 1,1 – 2). Das ist es, was wirklich zählt: das Gesetz des Herrn.

Nicht alles, was unter dem Etikett »Christliche Beratung« läuft, entspricht biblischen Maßstäben. Man begegnet da manchmal einer gewissen Unsicherheit im Hinblick auf die Autorität und die Gültigkeit des »göttlichen Gebotes«, wenn es um biblische Aussagen zu menschlichen Situationen geht. »Wir leben im ausgehenden zwanzigsten Jahrhundert!« so erinnert man uns. »Es gibt keine einfachen Antworten mehr.« Ich glaube, daß es diese »*einfachen* Antworten« doch gibt, aber – sie sind nicht *leicht*. Wir können sie ganz gut verstehen, es fällt uns aber nicht leicht, ihnen zu gehorchen. Der Weg, von dem in Psalm 1 gesprochen wird, ist breit und von Millionen, die darübergehen, glattgetreten. Der Pfad, der uns Christen befohlen ist, ist schmal und holperig, aber wir brauchen ihn nicht allein zu bewältigen. Der Heilige Geist ist uns an die Seite gegeben. Er soll uns helfen, uns trösten und uns belehren. Und es gibt auch viele Menschen, die schon vor uns diesen Weg des Gehorsams gegangen sind.

Wenn im Herzen eines Mannes oder einer Frau noch eine leise Sehnsucht nach Hilfe lebt, wenn die winzigste Spur der Hoffnung auf eine Versöhnungsmöglichkeit erhalten ist, können wir die Frage stellen, die vor allen anderen Fragen Vorrang haben sollte, falls jemand geistlichen Rat sucht: Wie sieht der Kontext, der Gesamtzusammenhang unseres Lebens aus? Es gibt nur zwei Möglichkeiten: Entweder leben wir im Kontext dieser Welt, die ihre eigenen Regeln hat, oder im Kontext des Reiches Gottes, in dem die Gebote Gottes gelten.

In welchem Zusammenhang entstand der Konflikt, der zur Entfremdung führte? Bei dieser Frage könnten wir allerdings schon auf eine erhebliche Schwierigkeit stoßen: Einer der Partner oder sogar beide mögen glauben, daß sie nach dem Willen Gottes gehandelt haben, und daß gerade das den Konflikt ausgelöst hat. Lassen wir also die Frage und wenden uns der nächsten zu: Was tat jeder der beiden Partner, als die Probleme auftauchten? Hatte sein Handeln das Reich Gottes im Blick, oder war es von anderen Dingen motiviert (vielleicht von persönlichem Glücksstreben)?

Was wäre nötig, um wieder ins Reich Gottes eintreten zu können? Wenn beide Partner aufrichtig und demütig sagen, daß sie ihr Leben nach dem Willen Gottes ausrichten möchten, und sich ebenso demütig und aufrichtig bereiterklären, den dafür erforderlichen Preis zu bezahlen, dann bin ich aus tiefstem Herzen davon überzeugt, daß es eine Lösung für ihre Probleme gibt.

Doch nehmen wir einmal an, daß nur einer von beiden in dieser Angelegenheit nach dem Willen Gottes fragt. Es könnte derjenige sein, den man im allgemeinen den »unschuldigen Teil« nennt, und der andere Partner läßt sich von ihm oder ihr scheiden. Oder es könnte sein, daß derjenige, der für sich in Anspruch nimmt, nach Gottes Willen zu fragen, die Klage einreicht. Möglicherweise hat er sich vorher an einen christlichen Berater gewandt, gebetet, versucht, die Sache zu kitten und hat schließlich doch in äußerster Verzweiflung den Rechtsweg gewählt, das heißt, die Scheidungsklage eingereicht. Er hält sich trotzdem für den »unschuldigen Teil«. Doch es gibt noch eine weitere Möglichkeit: daß derjenige, der nach dem Willen Gottes fragt, sich seiner Fehler bewußt ist und anerkennt, daß er der »schuldige Teil« ist.

Was ich einem solchen Menschen, welcher von beiden es auch immer ist, sagen möchte, ist kein Lösungsangebot. Gott hat nicht versprochen, alle unsere Probleme zu lösen. Das Evangelium bietet auch keine Garantie zur Heilung aller Krankheiten, zur Abtragung aller Schulden, zur Sanierung aller Ehen und zur Erfüllung aller Wünsche – solange wir noch auf dieser Erde leben. Das Evangelium, die gute Nachricht von der Befreiung von der Sünde und vom Ich, schließt im Gegenteil immer auch das ein, was Jesus mit »Bedrängnis« bezeichnet. Man kann als Christ in einer Welt voller Sünde nicht ohne Widerwärtigkeiten und Leid leben. Jesus kam nicht, um Frieden zu bringen, sondern das Schwert. Er beschrieb sich selbst als einen Stein, den die Bauleute verworfen hatten: »Wer auf diesen Stein fällt, der wird zerschellen; auf wen er aber fällt, den wird er zermalmen« (Lk 20,18). Allzu oft vergessen wir diese ernsten Worte oder auch die Prophezeiung des alten Simeon, der das Kind Jesus auf den Armen hielt: »Siehe, dieser ist gesetzt zum Fall und zum Aufstehen für viele in Israel« (Lk 2,34).

Was ich zu sagen habe, ist unendlich wichtiger als Problemlösungen. Es ist eine Frage des Gehorsams. Wenn Sie derjenige sind, der sich zutiefst nach Hilfe sehnt, dann gibt es Antworten für Sie – Antworten, die mit dem Willen Gottes übereinstimmen und Sie befähigen, seinen Willen zu tun. »Ob dabei was herauskommt?« mögen Sie fragen. Darauf kann ich nur erwidern: »Ja – aber nach den Maßstäben, die im Reich Gottes gelten.« Aber seien Sie vorsichtig! Der Nachfolger Jesu kann seine Antworten nicht daran testen, ob sie irdischen Erfolg oder Befriedigung oder »Lösungen« in unserem Sinn mit sich bringen.

Der Gehorsam gegenüber Gott kann zur Versöhnung der beiden Ehepartner führen und damit zur wunderbaren Wiederherstellung dessen, was nur noch als hoffnungsloses Durcheinander erschien. Aber es kann auch ganz anders kommen. Erinnern wir uns wiederum an die Worte Jesu: »Ich bin gekommen, ein Feuer anzuzünden auf Erden... Meint ihr, daß ich gekommen bin, Frieden zu bringen auf Erden? Ich sage: Nein, sondern Zwietracht« (Lk 12,49.51). »Und ihr werdet gehaßt werden von jedermann um meines Namens willen. Und kein Haar von eurem Haupt soll verlorengehen« (Lk 21,17 – 18).

Was hat Jesus damit gemeint? Er meinte, daß manchmal eine Entscheidung zwischen Gehorsam und einer Lösung zu treffen ist – zwischen seinem Willen und z.B. der Selbsterhaltung. Diese beiden Zielsetzungen decken sich nicht immer. Im Gegenteil, im Reich Gottes stellen sie sich sogar öfter als Gegensätze heraus.

»Denn wer sein Leben erhalten will, der wird es verlieren; wer aber sein Leben verliert um meinetwillen, der wird's erhalten« (Lk 9,24). Es heißt hier tatsächlich: »Entweder – oder«. Entweder Tod des Ich und ewiges Leben – oder Leben des Ich und ewiger Tod.

Scheidung erscheint manchen Betroffenen oft nicht nur als der einzige Weg zum Glück, sondern auch als die letzte Möglichkeit zum Überleben und zur Erhaltung der Gesundheit. Sich nicht scheiden zu lassen, käme dem Selbstmord gleich, so sagt ihnen ihr Gefühl: »Diese Frau ruiniert meine ganze Karriere!« »Sie ist gar keine richtige Frau!« – »Er ist gar kein richtiger Mann!« »Dieser Mensch zerstört meine ganze Persönlichkeit!« »Keiner kann mit so einer Frau leben!« – so kann man es hören.

Es ist klar, daß das Handeln des einen Partners den anderen Partner nicht unmittelbar verändern kann. Sie können darum beten, daß Gott ihn verändert, und Sie können sich selbst von Gott verändern lassen (vielleicht haben Sie es sogar nötiger als Ihr Partner)!

»Nein«, so mag Ihre Antwort lauten, »es ist eine hoffnungslose Sache. Uns bleibt nur die Scheidung übrig. Andernfalls wäre es der reine Selbstmord.« Was für ein schreckliches Dilemma! Auf der einen Seite etwas, was Gott haßt, auf der anderen Seite Selbstmord.

Ich möchte an dieser Stelle behutsam vorgehen. Ich bin niemals in einer solchen Klemme gewesen. Ich kann nicht sagen: »Unsere Ehe war ein Trümmerhaufen, aber Gott hat ein Wunder an uns getan.« Was ich glaubwürdig weitergeben kann, ist nur, daß ich in einigen anderen schlimmen Situationen gewesen bin, in denen der Gehorsam Gott gegenüber (menschlich gesprochen) ein schreckliches Risiko in sich barg. Wenigstens einmal hat es so ausgesehen, als ob mein Leben in einem Abgrund versänke. Ich habe das Wort »Selbstmord« damals nicht in den Mund genommen, weil mir das oben zitierte Wort Jesu im Gedächtnis geblieben war. Aber ich bin sicher, daß es Menschen in meiner Umgebung gab, die meine Entscheidung für reinen Selbstmord hielten.

Denken wir an den Märtyrer Stephanus. Es ging ihm um das Bezeugen Jesu, nicht um die Erhaltung seines Lebens. Oder erinnern wir uns an die drei Freunde Daniels: Schadrach, Meschach und Abed-Nego. Es ging auch ihnen um das Bezeugen des Lebendigen Gottes und nicht um ihr eigenes Leben. Ich möchte den Begriff »Bezeugen« hier nicht in der üblichen Weise verstanden wissen – als das Reden über die eigene geistliche Rettung. Ich spreche hier vielmehr von einem Leben, das im Gehorsam Gott geweiht wurde, was das auch immer für Folgen haben mag. Es ist ein Zeugnis für die Liebe zu Gott. Wer Gott liebt, tut seinen Willen, ohne Rücksicht auf den Preis, den er dafür zahlen muß. »Kein Haar soll verlorengehen« (Lk 21,18). Nein, nicht im Sinne des Reiches Gottes. Aber im Sinne der Welt kann noch mehr als nur ein Haar auf dem Spiel stehen – es kann das Leben kosten.

Wo bleibt denn dann die echte Wahlmöglichkeit? Ich möchte Sie ganz vorsichtig und im Namen Jesu Christi fragen: Was wollen Sie wirklich? Christus oder glücklich sein? Suchen Sie den Willen des himmlischen Vaters oder nur die Lösung von irgendwelchen Problemen? Geht es für Sie um die Herrschaft Gottes oder um die Ich-Herrschaft?

Wenn es Ihnen um das Reich Gottes geht, können Sie gar nicht anders, als sich nach den Regeln richten, die auf diesem Boden Gültigkeit besitzen. Sie fragen dann nicht mehr: »Werden nun meine Probleme gelöst?« oder: »Was kommt für mich dabei heraus?« Statt dessen werden Sie auf den Knien flehen: »Dein Reich komme!« was automatisch heißt: »Die Herrschaft meines Ich soll aufhören!« Sie werden sagen: »Dein Wille geschehe!« was einschließt: »...auch wenn meiner dabei auf der Strecke bleibt!«

Es könnte jemand fragen: »Dann ist es also unter allen Umständen falsch, wenn irgendein Mensch, aus welchem Grund auch immer, sich zur Scheidung entschließt?« »Nein, das kann ich so nicht unterschreiben!« müßte ich antworten. »Aber was wollen Sie dann mit dieser Erörterung sagen? Was soll ich denn nun tun?«

Ich habe bisher versucht, meinen Lesern Mut zu machen, als Christen über diese Fragen nachzudenken. Wir sind alle zutiefst von weltlichen Denkmustern geprägt und haben es beständig nötig, unsere Gedanken mit dem Reden und Denken Jesu in Einklang zu bringen. Beten Sie um die Führung durch den Heiligen Geist. Prüfen Sie Ihr Herz und Ihr Gewissen, soweit Ihnen das möglich ist, und bereinigen Sie die ungeordneten Dinge, soweit es geht. Versuchen Sie ständig, im Kontext des Reiches Gottes zu handeln. Beim Klären dieser Fragen kann Ihnen vielleicht die folgende Gegenüberstellung ein wenig helfen.

In welchem Kontext leben wir?

Herrschaftsbereich Gottes	*Herrschaftsbereich des Ich*
Dein Wille geschehe (was bedeutet: auf meinen Willen kommt es nicht an)	Mein Wille geschehe (was bedeutet: auf Gottes Willen kommt es nicht an)
Verlieren des Ich und Retten dessen, was viel mehr zählt	Retten des Ich und Verlieren dessen, was viel mehr wiegt
Meine Ziele: das Glück anderer und ihre Erfüllung Geben-wollen die Ehre Gottes	Meine Ziele: Glück und Erfüllung für mich selbst Haben-wollen Selbstbestätigung
Meine Intention: ewiger Gewinn	Meine Intention: vergänglicher Gewinn
Meine Rechte: nach Joh 10,18 mein Leben loslassen	Meine Rechte: ein Leben nach meinem Geschmack zu führen

Meine Sorge:	Meine Sorge:
Gott zu gehorchen	Lösungen für meine Probleme zu finden
Der Preis,	Der Preis,
der gezahlt werden muß:	der gezahlt werden muß:
jetzt Bedrängnis, später Frieden	später Bedrängnis, jetzt Frieden
Tod des Ich	Selbsterhaltung
ewiges Leben	ewiger Tod

Christen sind Glieder am Leib Jesu. Als solche handeln sie nicht losgelöst vom Haupt und allen anderen, sondern leben in innerer Verbindung mit ihnen.

Wenn Sie eine klare biblische Grundlage für die Behandlung komplizierter Fragen suchen, die über den Rahmen dieses Artikels hinausgehen, empfehle ich das Buch von Jay Adams: »Ehe, Scheidung und Wiederheirat«. Dr. Adams weist eindrucksvoll darauf hin, wie wichtig das Handeln der Gemeinde in diesem Zusammenhang ist. Zur Verantwortlichkeit der Gemeinde gehört auch die geistliche Erziehung, die Gemeindezucht. Versuchen Sie nicht, allein zurechtzukommen. Gehen Sie zu den Ältesten und Presbytern und Diakonen einer Kirche oder Gemeinde, in der die Bibel als Autorität für Glauben und Handeln angesehen wird, und ordnen Sie sich deren Anweisungen unter.

Es könnte sehr gut sein, daß die erste Aufgabe, vor die Sie gestellt werden, »Buße tun« heißt. Ob Sie nun derjenige sind, der die Scheidung einklagt, oder derjenige, gegen den geklagt wird – irgendwie und irgendwann sind Sie in dieser Sache gegenüber Ihrem Ehepartner und gegenüber Gott schuldig geworden (ich spreche jetzt nicht aus Erfahrung). Bekennen Sie jede einzelne Sünde, die Ihnen ins Gedächtnis kommt – jeden häßlichen Gedanken, jedes unrechte Wort und jede ungute Handlung, alles, was Sie unterlassen haben, aber hätten tun sollen, jede Regung der Auflehnung, des Ärgers, der Bitterkeit und des Hasses. Bekennen Sie das alles vor Gott. Vielleicht müssen Sie danach auch vor Ihrem Partner ein Bekenntnis ablegen, falls Sie ihn noch erreichen können und er bereit ist, Sie anzuhören. Erinnern Sie sich an die Frage, die zu Anfang dieser Diskussion gestellt wurde: Was ist jetzt nötig, um wieder auf die Ebene des Reiches Gottes zu kommen? Reue ist dafür unabdingbar. Sie müssen eine Kehrtwendung um

180 Grad vollziehen, in der entgegengesetzten Richtung weitergehen. Schlagen Sie einen neuen Weg ein. Verlassen Sie den alten.

Nachdem Sie das hinter sich gebracht haben, heißt die neue Aufgabenstellung: Vergeben. Sie müssen Ihrem Partner verzeihen, auch wenn er (oder sie) Ihnen nicht zu vergeben bereit und an Ihrer Vergebung gar nicht interessiert ist. Damit meine ich nicht, daß Sie ihm (oder ihr) eine Liste von Beleidigungen und anderem Unrecht überreichen sollen, die Sie nun durchstreichen wollen. Legen Sie diese Liste nur Gott vor und streichen Sie alle Punkte in seiner Gegenwart durch. Einzelheiten, die Ihr Partner sehr genau kennt, weswegen Sie ihn angeklagt haben, werden Sie ihm wahrscheinlich in einer persönlichen Begegnung vergeben müssen. Unabhängig von dem, was der eine oder der andere Partner getan hat (die jeweilige »Seite« spielt hier überhaupt keine Rolle – Sünde gibt es auf beiden Seiten), Sie müssen vergeben.

> In »Quiet Talks on Prayer« sagt S.D. Gordon: »Da Unversöhnlichkeit sich auf die Dauer in Haß niederschlägt, gewinnt der Satan in einem solchen Herzen Raum, sich auszubreiten – mit all den Folgeerscheinungen, die diese Einfallstür bietet. Unversöhnlichkeit – was zieht sie nicht alles nach sich in der näheren und weiteren Umgebung: Eifersucht, Neid, Bitterkeit, beißende Bemerkungen, die glatten Pfeile des Sarkasmus mit ihren vergifteten Spitzen, Mißgunst, eine scharfe Zunge – was für eine Sippschaft ist das doch!«

Ich habe erfahren, was es heißt, einen Ehegatten durch den Tod zu verlieren, aber nicht durch Scheidung. Als mein erster Mann starb, schrieb mir eine Freundin, die gerade geschieden worden war: »Vergiß nicht, daß es weit schlimmere Arten gibt, einen Mann zu verlieren!« Ich habe keinen Zweifel daran. Ich bin sicher, daß eine Wunde, die durch Ablehnung oder Untreue verursacht wurde, viel mehr schmerzt, als wenn der Tod der Anlaß dazu war. Die Heilung solch entsetzlich tiefer Verletzungen muß auch in eben dieser Tiefe ansetzen. Und wie es bei physischen Wunden auch der Fall ist, muß vielleicht erst einiges durch Operation entfernt und die Wunde dann behutsam und gründlich gereinigt werden, bevor der Heilungsprozeß einsetzen kann. Das Wort Gottes dringt tief in den Menschen ein. Wer auf das Wort Gottes hört, wird gereinigt. Und dann übernimmt Gott (und nur er allein) die Heilung. Er schenkt neues Leben und schafft ein neues Sein. Seine Vergebung für uns ist grenzenlos und uns so gewiß, wie seinem ungehorsamen Volk Israel, dem er einst sagen ließ: »Ich will sie wieder an diesen Ort bringen, daß sie sicher wohnen sollen. Sie sollen mein Volk sein, und ich will ihr Gott sein« (Jer 32,37 – 38). Es kann sein, daß der Rest dieser Verheißung ebenfalls ganz buchstäblich in Erfüllung geht: »Und ich will ihnen einerlei Sinn und einerlei Wandel geben, daß sie mich fürchten ihr Leben lang, auf daß es ihnen wohlgehe und ihren Kindern nach ihnen« (V.39).

Erscheint Ihnen das unmöglich? Vielleicht denken Sie immer noch im Kontext dieser Welt. Versuchen Sie es mit der göttlichen Sichtweise: dem Kontext, in dem alle Dinge neu werden und selbst Tote auferstehen.

Was willst du mir sagen angesichts des Todes?

Wir gehen auf das Leben zu

Weil morgen das letzte meiner sechziger Jahre beginnt und meine Mutter den Neunzigern näher ist als den Achtzigern, denke ich doch öfter einmal über das Alter und seine Probleme nach. Hat mich in letzter Zeit jemand als »rüstig« bezeichnet oder sind Bemerkungen gefallen wie: »Es ist erstaunlich, sie ist immer noch im Vollbesitz ihrer Kräfte«?

Wenn ja, dann heißt das, daß sie feststellen, daß ich auf »dem absteigenden Ast« bin, im Klartext: alt geworden. Wenn ich in den Spiegel schaue, muß ich zugeben, daß sie recht haben. Und trotzdem kostet es ein bißchen Überwindung, sich von andern so einordnen zu lassen. Ich fühle mich nämlich noch genauso frisch und voller Energie wie vor vierzig Jahren.

Grundsätzlich habe ich allerdings nichts dagegen, alt zu werden. Heute morgen vor Tagesanbruch schaute ich auf ein winterliches Meer, das so still unterm Sternenhimmel lag. Ein kleines Lied, das wir früher im Sommerlager sangen, kam mir in den Sinn: »Ein neuer Tag bricht an, ein Tag, der uns näher nach Hause bringt...« Die Vorstellung finde ich aufregend. Ich kann verstehen, daß Menschen, die keine Zukunftsperspektive mehr haben, sich verzweifelt, wenn auch vergeblich, an der Vergangenheit festzuhalten suchen, an der Jugend und allem, was dazu gehört. »Laß dein Gesicht liften«, »Trag das Make-up ein bißchen dicker auf« (Estée Lauder sagt allerdings, falsche Augenwimpern könnten einen Menschen auch zehn Jahre älter erscheinen lassen, als er ist) »Trag flotte Schuhe und Sweatshirts«, »Färb dir die Haare – tu alles, um dich recht jung erscheinen zu lassen.« (Natürlich gibst nur du dich dieser Illusion hin, niemand sonst.)

Wir wollen ehrlich sein. Das Alter hat Leiden zur Folge. Ich erlebe das zur Zeit hautnah mit, wenn ich meine Mutter sehe. Einst war sie so lebendig und munter und schnell in ihren Reaktionen; jetzt ist sie sehr ruhig geworden, manchmal verwirrt und sehr langsam. Sie leidet darunter. Und wir, die wir sie liebhaben, leiden mit ihr. Und wir sehen die gleichen Veränderungen in der Zukunft auf uns zukommen. Und wir denken darüber nach, was diese Phasen im Leben eines alten Menschen wohl in den Augen Gottes und nach seinen Maßstäben bedeuten mögen.

Es wäre schlimm, wenn sich dabei nicht herausstellen würde, daß sich die Haltung eines Christen gegenüber dem Alterungsprozeß sehr von dem unterscheidet, was er für die übrige Menschheit bedeutet. Wir wissen, daß es nicht umsonst geschieht.

»Gott hat uns wissen lassen das Geheimnis seines Willens nach seinem Ratschluß, den er zuvor in Christus gefaßt hatte, um ihn auszuführen, wenn die Zeit erfüllt wäre, daß alles zusammengefaßt würde in Christus, was im Himmel und auf Erden ist« (Eph 1,9.10).

Inzwischen sehen wir uns an, was vor sich geht: Das Hören wird schlechter, es gibt Einschränkungen beim Sehen, in der Bewegung, in der Verträglichkeit des Essens und Trinkens, im Erinnerungsvermögen. Das Gemüt behält nicht immer seine Fassung und Ausgeglichenheit, die Gestalt verändert sich und die geistigen Perspektiven auch. Wenn das alles wäre, was wir sehen könnten, lägen uns solche Dinge wie das »Liften« des Gesichtes durchaus nahe.

Doch wir befinden uns ja auf einem Wanderweg. Manchmal wird er rauh und steil, und gerade gegen sein Ende hin geht's oft in Serpentinen nach oben. Aber wir können aufschauen und das sehen, was normalerweise unsichtbar ist: eine himmlische Stadt, ein helles Licht, ein Willkommen! Und ein Angesicht, das sich nicht beschreiben läßt. Wir werden Ihn erblicken. Wir werden Ihm gleich sein. Und das macht den Unterschied aus, der uns als Christen das Alter anders erleben läßt.

Der letzte Abschied

Neulich starb eine liebe Freundin von mir. Ich empfand eine unerklärliche Enttäuschung, als ich erfuhr, daß es nur einen Gedenkgottesdienst geben würde. Ich hätte mir eine Beerdigung gewünscht. Und dabei wußte ich eigentlich gar nicht so genau warum. Noch merkwürdiger kam mir mein eigener Wunsch vor, daß ich sie gerne in der Leichenhalle noch einmal wiedergesehen hätte. Vielleicht auch, daß eine Totenwache gehalten worden wäre – auf jeden Fall hatte ich mir gewünscht, ihr Gesicht noch einmal zu sehen.

Ist das so ganz und gar unverständlich? Ich bin sicher, daß es eine menschliche Regung ist, die mich so denken läßt. Aber ist es gleichzeitig nur eine ausgefallene Idee, ist es brutal oder kindisch oder heidnisch oder materialistisch? Ist es vielleicht sogar makaber?

»Christen haben es nicht nötig, irgendein Aufhebens um den Körper zu machen. Wir glauben doch an die Auferstehung. Wir wissen, daß der gestorbene Mensch nicht hier ist, sondern bei Gott.« So argumentierte ich gegen meine Gefühle.

»Wer wünscht sich schon, einen Toten noch einmal zu sehen? Möchte man ihn nicht eigentlich lieber so im Gedächtnis behalten, wie man ihn gekannt hat, stark und gesund und lebendig?« Auch dieser Einwand hat seinen Sinn.

»Beerdigungen sind sinnlose zusätzliche Belastungen, manchmal pompöse Auftritte und kostspielige Angelegenheiten, jedenfalls emotionale Drucksituationen. Sie haben keinen anderen Hintergrund als konventionelle Vorstellungen und kommerzielle Begleitumstände. Und was die Leichenausstellungen angeht: Was kann dabei herauskommen, wenn man eine Leiche noch einmal frisiert und schminkt und pudert und ankleidet, wenn man sie mehr kläglich als ansprechend in einen mit Satin ausgeschlagenen Mahagoni-Kasten bettet, den Kopf auf ein phantasievolles Kissen plaziert, damit die Leute den Toten anstarren können? Was ist der Sinn dabei?

Ich kann keine schnellen Antworten darauf geben. Mein Protest scheint nicht allzu logisch zu sein. Kommt er nicht nur aus dem Bereich der Emotionen – vielleicht sogar unüberlegter und vordergründiger? Ja, natürlich. Das stimmt schon. Aber unüberlegte und vordergründige Emotionen sind nun einmal ungeheuer menschlich und nicht unbedingt sündiger Natur. Vielleicht sind sie sogar nützlich. Wie sollen wir das wissen? Schauen wir doch einmal, was die Bibel dazu sagt.

Es heißt nirgendwo: »Ihr sollt die Menschen beerdigen«, oder »Ihr sollt euch nicht mit Gedenkgottesdiensten begnügen«.

Als Jakob starb, gab es eine Abschiedsszene, in der er jeden seiner Söhne segnete. Dann streckte er seine Füße auf dem Bett aus, tat einen letzten Atemzug und »wurde zu den Vätern versammelt«. Josef warf sich auf den toten Körper seines Vaters, weinte um ihn, küßte ihn und befahl, daß er einbalsamiert wurde. Die Ägypter hielten sich an die üblichen siebzig Trauertage. Danach ließ Josef die Leiche nach Kanaan bringen. Ein riesiges Gefolge von Dienern, Ältesten, Verwandten, Freunden, Kriegswagen und Reitern zog mit. Und dann wurden noch einmal sieben Tage in großen Trauerfeierlichkeiten und Klagegesängen verbracht.

Als Mose starb, »begrub« Gott ihn selbst, aber das Volk Israel weinte dreißig Tage um ihn. Josefs Gebeine wurden vom Volk Israel auf dem Zug durch die Wüste mitgenommen und dann bei Sichem begraben.

Stephanus war der erste Märtyrer. Er wurde zu Tode gesteinigt. Und dann heißt es in dem biblischen Bericht: »Es bestatteten aber den Stephanus gottesfürchtige Männer und hielten eine große Klage über ihn« (Apg 8,2). Es war also ganz in Ordnung, daß ein Mann, der um seines Glaubenszeugnisses willen getötet worden war, von denen beerdigt wurde, die seinen Glauben teilten – von gottesfürchtigen Männern. Und es war ganz in Ordnung, daß sie eine große Totenklage hielten, daß sie gemeinsam trauerten und daß sie »über« ihn trauerten. Ich glaube, daß das ganz wörtlich zu verstehen ist, nämlich über seinem Grab.

Letzte Woche fand meine Freundin Wanda ihre kleine schwarze Hündin, die zehn Tage vorher verlorengegangen war. Sie war tot – in einem Teich ertrunken, in den sie offenbar durch eine dünne Eisdecke eingebrochen war. Die kleine »Nelly« war Wandas Freundin gewesen, und Wanda trauerte um sie. Aber sie dankte Gott auch, daß sie sie gefunden hatte und so wußte, was mit ihr geschehen war. Sie hob das nasse pelzige Etwas in ihre Arme, schaute das tote Tier noch einmal an und sprach mit ihm. Dann gab sie es an den Tod zurück und begrub es.

Um einen solchen Prozeß, um die »Trauer-Arbeit«, waren wir durch die kürzlich getroffene Entscheidung meiner Freundin, auf eine Beerdigung zu verzichten, betrogen worden.

Der Gedenkgottesdienst wurde elf Tage nach ihrem Tod abgehalten. Als wir die Kirche betraten, war von ihr selbst auch nicht mehr die kleinste Spur vorhanden. Es wäre natürlich auch nur ein lebloser Körper gewesen – aber es wäre das »irdische Haus« des geistigen Wesens, der Persönlichkeit unserer Freundin gewesen, in dem sie gelebt hatte und in dem wir sie gekannt hatten. Und es wäre ja auch der Leib gewesen, der der Auferstehung entgegenschlief. Dieses »Haus« war nun schon lange in einem entfernten Mausoleum beigesetzt worden. Wir konnten ihre Gesichtszüge nicht mehr sehen. Wir konnten nicht einmal einen geschlossenen Sarg sehen mit dem Wissen: das, was von ihr noch übrig geblieben ist, ruht darin. Sie war an der heute so besonders gefürchteten Krankheit, dem Krebs, gestorben, der zweifellos starke Spuren der Verwüstung an ihrem Körper hinterlassen hatte. Sie hatte es abgelehnt, daß auch nur einer von uns ihr in den letzten vier oder fünf Wochen ihres Lebens nahe kam. Wir verstanden ihre Gefühle. Aber ich möchte bezweifeln, daß sie noch in der Lage war, die unseren zu verstehen. Es war schon zu spät. Ich schreibe dies, damit aufmerksame Menschen sich über solche Fragen Gedanken machen, bevor es zu spät ist.

Wir sehnten uns nach dem Vorrecht, an ihrem Leiden teilzunehmen, soweit das überhaupt möglich war. Sie war zu krank, um noch sprechen zu können. Wir verstanden das. Wir hätten das auch nicht von ihr erwartet. Wenn wir nur für eine Minute das Krankenzimmer hätten betreten dürfen, ihre Hand einen Augenblick halten, kurz oder auch nur schweigend beten, dann wären wir schon dankbar gewesen. Vielleicht wäre für sie ein wenig von der Einsamkeit des Sterbens gemildert und ihr ein bißchen von unserer Sorge und Liebe für sie vermittelt worden. Ich bin sicher, daß im letzten Grunde uns damit ein Dienst geschehen wäre. Aber es sollte wohl nicht sein. Selbst nach ihrem Tod hätten wir, für die sie so viel bedeutet hatte, noch ein Bindeglied, eine Brücke gebraucht. Auch das war uns verwehrt durch die Reduzierung auf einen Gedenkgottesdienst.

Vor einigen Monaten schrieb mir eine Freundin aus New York vom Tod eines kleinen Mädchens, das ihr nahe gestanden hatte. »Ich habe gemischte Gefühle gegenüber einer Beerdigung in aller Stille! Erscheint dir das hartherzig? Ich hatte es mir so sehr gewünscht, an ihrem Kummer teilnehmen zu können, ihnen nahe sein zu können. Und ich glaube, einer ganzen Reihe von anderen Menschen aus ihrem Freundeskreis ging es genauso. Das Äußerste, was mir zu tun blieb, war ein Auftrag unserer Gemeinde, daß ich hinter dem Leichenwagen hergehen sollte, bevor die Familie kam. Doch sollte ich mich nicht von ihnen sehen lassen. Es soll zwar noch ein Gedenkgottesdienst stattfinden, das wird aber noch einige Wochen dauern. Ich empfinde nicht ein krankhaftes Verlangen, die Leiche ausgestellt zu sehen, aber schon der Anblick des Sarges läßt die Realität des Todes mehr ins Bewußtsein rücken und schafft ein Ventil für den Kummer, wie es meiner Erfahrung nach sonst nicht möglich ist.«

Mein Herz sagt mir, daß sie recht hat. Jetzt, nach vielen Jahren, ist mir aufgegangen, was es für mich bedeutete, daß wir für meinen ersten Mann nur einen Gedenkgottesdienst halten, für den zweiten aber eine richtige Beerdigung veranstalten konnten. Im ersten Fall hatten wir keine andere Wahl. Jim war ermordet worden, und die Leiche hatte man erst nach fünf Tagen gefunden. Die Stelle lag tief im unbewohnten Dschungel, von wo aus ein Transport nahezu unmöglich gewesen wäre. Mein zweiter Mann wußte, daß er sterben würde. Wir hatten noch Zeit genug, über die Beerdigung miteinander zu reden. Ich kann mich nicht erinnern, daß er etwas zum Thema Ausstellung der Leiche sagte, aber unmittelbar nach seinem Tod traf ich die Entscheidung von mir aus. Es war für mich ganz natürlich und selbstverständlich, daß ich ihn in der Leichenhalle noch einmal ausstellen lassen wollte. Mir war sehr klar, daß ich etwas vermißt hatte, als Jim damals starb. Add war an Krebs zugrunde gegangen, und die letzten Wochen waren wirklich schrecklich gewesen. Auf gewisse Weise war es aber eine Erleichterung, sein Gesicht nun noch einmal anders zu sehen, als ich es vom Krankenzimmer her gewohnt war. Es war schmal geworden und blaß und gealtert, aber es war nun frei von Schmerz. Die kräftigen Gesichtszüge waren immer noch erkennbar, die Stirn, wie ein Beobachter feststellte, noch immer edel. Ich konnte ihm nun noch einmal im Herzen Lebewohl sagen und ihn dann dem Grab übergeben.

Als ich neun Jahre alt war, starb meine beste und damals nahezu einzige Freundin. Ich erinnere mich noch sehr gut an den heißen Julitag, an dem ich im Garten neben dem Haus spielte. Meine Mutter kam heraus und sagte mir, daß Ester tot sei. Später nahmen meine Eltern mich mit zu der Leichenhalle, wo Ester aufgebahrt war. Da lag sie nun in einem weißen Kleid, die goldblonden Locken umrahmten das Gesicht. Sie war – wie ich – erst neun Jahre alt.

Keiner sagte zu mir: »Das ist doch bloß ihr Körper. Der Geist ist nicht mehr darin.« Das brauchte mir auch keiner zu sagen. Ich konnte es sehen, daß sie kein lebendiger Mensch mehr war. Aber ich konnte auch noch meine Freundin in ihr sehen, mit der ich in wilder Jagd manchmal über unbebaute Grundstücke und durch Hintergäßchen getobt war. Oft hatte sie mir auch den Verstand verwirrt mit ihren Schauergeschichten von Riesen, denen sie angeblich begegnet war. Sie war nun sehr ruhig, ganz und gar gebändigt. Meine Spielgefährtin war tot. Der Anblick hatte für mich etwas sehr Realistisches. Es war kein Schock für mich. Kinder lassen sich von den Dingen nicht schockieren. Es sind die älteren Menschen, die der Realität nicht ins Gesicht sehen können. Für mich war es eine ehrfürchtige und ernste Sache, und noch jahrelang ging sie mir nicht aus dem Gedächtnis. Es war eine sehr weise Entscheidung meiner Eltern gewesen, mich zum Friedhof mitzunehmen.

Ich möchte mit diesen Worten Christen ansprechen: Planen Sie Ihre Bestattung jetzt schon. Wenn Sie schon etwas älter sind, könnten Sie vielleicht sogar schon den Pastor wählen, der die Beerdigung halten soll, und mit ihm den Ablauf durchsprechen. Wenn der Tod aber für Sie noch in weiter Ferne zu liegen scheint, legen Sie wenigstens schriftlich fest, daß sie eine Beerdigung wünschen und suchen Sie Lieder und Schriftstellen heraus, die dabei Anwendung finden sollen. Wegen der praktischen Ausführung legen Sie am besten niemand zu sehr fest. Überlassen Sie das denjenigen, die dann für Sie die Verantwortung übernehmen werden, so daß es für sie möglichst leicht ist.

Aber denken Sie an Ihre Freunde. Ihnen wird es sehr viel bedeuten, Ihnen Lebewohl sagen zu können und ihrem Kummer in Gemeinschaft mit anderen, die Sie ebenfalls lieb haben, Ausdruck zu verleihen. Nehmen Sie diese Dinge nicht auf die leichte Schulter.

C.S. Lewis, der weise Mann, der offenbar alle Seiten des Lebens einmal durchdacht hat, schreibt in seinem Vorwort zu Miltons »Paradise Lost«: »Wer Rituale generell ablehnt – Rituale jeder Art und in jedem Bereich des Lebens –, der sollte diese Fragen noch einmal ernsthaft überdenken. Ein Ritual ist ein Muster, das durch Verstand und Willen unseren meist flüchtigen Gefühlen auferlegt wird. Es läßt das Vergnügen weniger flüchtig und den Kummer tiefgründiger werden. Auf diese Weise fällt dem weisen Brauch die Aufgabe zu (der das Individuum mit seinen Launen gar nicht entsprechen kann), eine Situation festlich oder nüchtern, glänzend oder ehrfurchtsvoll zu gestalten – und zwar, wenn wir es wünschen und nicht, wenn es die Gelegenheit gerade so mit sich bringt« (Oxford University Press, 1952, S. 21).

Wenn es sich um eine christliche Beerdigung handelt, werden wir durch Bibelwort und Lieder daran erinnert, daß wir nicht trauern, wie die, ...»die keine Hoffnung haben. Denn wenn wir glauben, daß Jesus gestorben und auferstanden ist, so wird Gott auch die, die entschlafen sind, durch Jesus mit ihm einherführen« und »danach werden wir, die wir leben und übrigbleiben, zugleich mit ihnen entrückt werden auf den Wolken in die Luft, dem Herrn entgegen« (1. Thess 4,13 – 14.17).

Deshalb soll für Christen die Beerdigung eine Feier in Gegenwart der sterblichen Überreste der von uns Gegangenen sein – sichtbare Zeichen jener herrlichen, unsichtbaren Wirklichkeit, an die wir von ganzem Herzen glauben.

Die Sicherheit der Christen

An einem Nachmittag vor mehr als zwanzig Jahren saß ich im östlichen Ekuador in einer Hängematte. Auf dem Boden meines strohgedeckten Hauses hockte Minkayi, ein Auca-Indianer, und sprach eine Geschichte in das Mikrofon eines über Batterie angetriebenen Kassettenrekorders:

»Eines Morgens war ich ein kleines Stück in meinem Kanu gefahren, als ich das Geräusch von einer anderen Kanu-Stange hörte. Es war Dabu. Gehst du nach Hause? fragte ich ihn. Ja, gab er zur Antwort. Naenkiwi sagt, diese Fremden seien Kannibalen. Später begegnete ich Gikita in seinem Haus. Er sagte, er wolle ein paar Speere holen. Meine Speere befanden sich in der Nähe.

Bald entdeckte ich, wie Gikita und Dyuwi rote Farbe auf ihre Speere strichen. Das bedeutete: angriffsbereit.

Naenkiwi sagt, diese Fremden wollen uns auffressen, sagten sie zu mir. Ich hatte meine Speere immer noch nicht gefärbt, aber als der Nachmittag kam, war ich der einzige, der das noch nicht getan hatte. Immer noch saß ich am gleichen Platz. Schließlich bat ich meine Mutter, mir die Speere zu bringen, so daß ich sie färben konnte. Bring nur ein paar, rief ich ihr zu. Dann ging sie fort. Ich fragte Naenkiwi, wieviel Speere er hätte. Zwei schwere und zwei leichte, gab er zur Antwort...«

Als ich Jahre später einmal im Keller meine alte Feldkiste durchwühlte, stieß ich auf meine Übersetzung der Geschichte Minkayis. Sechs Seiten lang hatte er genauestens berichtet, wie sechs Indianer an einem heißen Sonntagnachmittag auf einer Sandbank im Curaray-Fluß fünf Amerikanern aufgelauert hatten.

Minkayi wurde ganz aufgeregt, als er die Geschichte aus der Erinnerung hervorholte. Er beschrieb ihren Weg zum Strand, über Hügel und Flüsse, über eine alte Lichtung, wo er einst einem Jaguar begegnet war, und wie sie schließlich die Stelle erreichten, wo ein kleines Flugzeug gelandet sein sollte. Er erzählte, wie einer der Fremden am Strand auf- und abgegangen sei und immer wieder etwas gerufen habe: »Kommt!«, so hörte man seine Stimme. »Kommt, wir wollen uns friedlich begegnen. Wir haben nichts Böses im Sinn!«

Dann berichtete Minkayi mit lebhaften, von Geräuschen begleiteten Gesten, die ich phonetisch umgesetzt hatte, vom plötzlichen Rauschen der Speere und den Kriegsschreien der Aucas. Er beschrieb, wie die Speere ihr Ziel erreichten. Er ließ auch die Einzelheiten des Kampfes, der Qual der Missionare und des endlichen Sieges der Indianer nicht aus.

Als ich die Worte noch einmal las, trat mir in der Erinnerung der Anblick des fröhlichen, freundlichen Mannes mit dem Mikrofon in der Hand wieder ganz lebhaft vor Augen. Minkayi wußte natürlich, daß einer der Männer, die sie für Kannibalen gehalten hatten, mein Mann gewesen war. Als er mit seiner Geschichte damals zu Ende gewesen war, hatte er Jims Bild von dem Kerosinkanister genommen, der mir als Bücherbord diente.

»Schau nur, wie er uns zulacht!« sagte er dann. »Wenn wir ihn gekannt hätten, wie wir dich heute kennen, säße er nun hier bei uns und würde mit uns lachen. Er – ein Kannibale! Wir dachten tatsächlich, er wäre ein Menschenfresser!« Ich erinnere mich noch gut, wie dabei ein Grinsen über sein Gesicht lief.

Gott ist Gott. Das war die überwältigende Lektion dieses überwältigenden Ereignisses in meinem Leben. Jims Tod zwang mich, entweder Gott zu leugnen oder ihm zu glauben, ihn abzulehnen oder ihm zu vertrauen. Diese Lektion wird keinem Christen erspart. Lediglich der Kontext ist ein anderer.

Für Minkayi war es nichts Besonderes gewesen, einen Menschen zu töten. Er und seine Stammesgenossen hatten das schon oft getan. Wenn man befürchtet, gefressen zu werden, schützt man sich eben rechtzeitig davor. Das war beinahe wie eine Pflicht. Ich dachte an die Worte Jesu, als er im Begriff war, seine Jünger zu verlassen: »Es kommt aber die Zeit, daß, wer euch tötet, meinen wird, er tue Gott einen Dienst damit, und das werden sie darum tun, weil sie weder meinen Vater noch mich erkennen. Aber dies habe ich zu euch geredet, damit, wenn ihre Stunde kommen wird, ihr daran denkt, daß ich's euch gesagt habe« (Joh 16,2 – 4).

»Die Stunde kommt... denkt an meine Worte.« Wie sicher sind wir? Die fünf Männer waren Missionare gewesen, keine Kannibalen. Sie waren in das Gebiet der Aucas gegangen, um das Evangelium dorthin zu bringen, nicht um die Indianer aufzufressen. Sie liebten Gott. Und sie vertrauten ihm. Sie hatten um Bewahrung gebetet, um Führung und um den Erfolg ihres Unternehmens. Und sie hielten Gott für ihren Schutz und Schirm. Und als wir, ihre Frauen, mit ihnen jeden Schritt der Vorbereitungen für dieses Wagnis durchbeteten, dachten wir, Gott würde ganz bestimmt seine Hand über sie halten und ihnen Erfolg schenken. Doch dann waren es die Indianer, die Erfolg hatten. Sie siegten.

Was bedeutet eigentlich Glaube? Was um alles in der Welt meinen wir, wenn wir behaupten: »Wir vertrauen auf Gott?«

Dr. James I. Packer sagt in seinem Buch »God's Word« (Gottes Wort): »Die gängige Vorstellung von Glauben schließt einen gewissen hartnäckigen Optimismus ein – die Hoffnung, die auch angesichts von Schwierigkeiten oft zäh festgehalten wird, daß das Universum grundsätzlich freundliche Perspektiven birgt, und die Dinge immer irgendwie gut ausgehen.«

Ich hätte schon ein Optimist von der unverbesserlichsten Sorte sein müssen, wenn ich an dieser Art von Glauben in den dunklen Zeiten meines Lebens hätte festhalten wollen. Mich hielt ein anderer Glaube aufrecht – der Glaube an den Gott der Bibel, einen Gott, der, wie es jemand einmal sagte, nicht klein genug ist, um ihn zu verstehen, aber groß genug, um ihn anzubeten.

Ich bin mit der Bibel aufgewachsen. Durch das Beispiel meiner Eltern und anderer geistlich ausgerichteter Menschen lernte ich, was Glaube ist. Ich ging zur Sonntagsschule, zur Gemeinde, zu Missionskonferenzen, auf eine christliche Schule, eine christliche Hochschule und schließlich auf eine Bibelschule. Ich übergab in sehr frühem Alter Herz und Leben an Jesus Christus.

Doch als ich als junge Missionarin in Ekuador ankam – meiner Meinung nach gut vorbereitet für alles, was mich erwartete, waren meine Vorstellungen doch von geistlicher Reife weit entfernt. Wie Petrus dachte ich »menschlich«, nicht göttlich. Petrus prallte entsetzt zurück, als sein Meister erklärte, was ihm in Jerusalem widerfahren würde. »Das soll Gott verhüten, Herr!« war Petrus' Antwort. »Das darf nicht mit dir geschehen.« Jesus wandte sich mit einem niederschmetternden Tadel zu ihm um. Dabei nannte er ihn einen Satan, weil er sich ihm bei einem Akt des Gehorsams gegenüber dem Vater in den Weg stellte.

Als ich mit der Missionsarbeit begann, erwartete ich ganz selbstverständlich, daß Gott meinen Weg segnen würde. »Das soll der Himmel verhüten, daß irgendein ungünstiger Zwischenfall mein Werk stört!« Ich rechnete fest damit, daß Gott das tun würde, worum ich ihn bat, und war mir nicht im klaren darüber, was es heißt, wenn man betet: »Geheiligt werde dein Name! Dein Reich komme! Dein Wille geschehe!« Ich wollte, daß Gott mir eine Erklärung darüber abgab, wenn er meine Erwartungen enttäuschte.

Gott wußte, daß ich in Wirklichkeit etwas anderes brauchte als Erklärungen, nämlich Heiligung, die Reinigung meines Herzens. Meine Vorstellungen über mich selbst, meine Arbeit und meinen Gott mußten durchs Feuer gehen. Mein Herz brauchte eine tiefgehende und schmerzliche Läuterung. »Selig sind, die reines Herzens sind; denn sie werden Gott schauen« (Mt 5,8).

Während ich die Bibel las und ihr zu gehorchen versuchte, stellte ich fest, daß Gott, der doch der Herr des Universums ist, alles mögliche zuläßt, was wir lieber nicht in der Welt sähen. Wir selbst wünschen uns natürlich unsere Freiheit. Der freie Wille ist etwas, ohne das wir nicht leben möchten. Und doch wundern wir uns gleichzeitig, warum Gott nicht »dazwischenfunkt«, wenn auch andere Menschen nach ihrem freien Willen leben. Warum »dürfen« sie Kriege auslösen und nur beschränkt zur Verfügung stehende Rohstoffe mißbrauchen, und warum »dürfen« sie andere leiden lassen? Warum »darf« es immer wieder Armut oder Bestechlichkeit der Regierenden oder Tyrannei und Ungerechtigkeit geben? Natürlich sind es nicht unsere Entscheidungen, die dabei im Spiel sind. Sie betreffen andere Menschen. Doch ein Tatbestand ist offenkundig: Wir wollen nicht, daß Gott *unsere* Freiheit beschneidet, wir wünschen uns nur, daß er *anderen* gebührende Grenzen setzt.

Meine Fragen wurden nicht beantwortet, aber ich wollte Gott »sehen«, ihn kennenlernen. So fuhr ich fort, in seinem Wort zu lesen, mein Leben danach auszurichten, mein eigenes Denken und meine Lebensführung unter seine Autorität zu bringen. In jedem Ereignis, das mich traf, suchte ich Gottes Meinung darüber herauszufinden, auch bei

Jims Tod und anderen Krisen. Wie Gott es versprochen hatte, erwies sein Wort sich als wahr. Er lehrte mich, er führte mich, er hielt mich. Er zeigte mir alles, was ich für mein Leben und die Heilung wissen *mußte,* wenn er mir auch nicht alles enthüllte, was ich zum Verständnis seines Handelns wissen *wollte.*

Nachdem Jesus Petrus wegen seines ungeistlichen Denkens getadelt hatte, führte er ganz genau aus, was der Preis für die Nachfolge sein würde: das Ende der Ich-Herrschaft, das Annehmen des Kreuzes in unserem Leben und bedingungsloser Gehorsam.

»Wer sein Leben erhalten will, der wird es verlieren« (Mt 16,25). Heißt das, daß für uns keine Sicherheit existiert? Gibt es keinen sicheren Schutz für diejenigen, die an Christus glauben? Hören wir, was Jesus von Elia sagt: »...(sie) haben mit ihm getan, was sie wollten. So wird auch der Menschensohn durch sie leiden müssen« (Mt 17,12).

Böse Menschen haben oft die Möglichkeit, nach ihrem Belieben zu handeln. Wir müssen begreifen, daß Böses mit der Erlaubnis Gottes geschieht. Wer den Gott der Bibel kennenlernt, dem wird deutlich, daß er uns alle als Automaten hätte schaffen können, aber er zog es vor, uns zu freien Menschen zu machen, die sich ihm widersetzen können und dürfen.

Natürlich gibt es auch eine Grenze. Das wollen wir nicht vergessen. Der Turm von Babel wurde nicht zu Ende gebaut. Gott hat durchaus Schranken für das gesetzt, was er den Menschen zu tun erlaubt, aber eines Tages hat er sich selbst in ihre Hände gegeben. Jesus hatte oft im Tempel gesessen und gelehrt, und niemand hatte den Versuch gemacht, ihn anzugreifen. Doch es kam eine Zeit, wo die Menschen, die ihm vorher zugehört hatten, mit Schwertern und Knüppeln in den Garten Gethsemane eindrangen. Jesus floh nicht vor ihnen. Er ging vielmehr geradewegs auf sie zu. Er sorgte sich nicht um seine körperliche Sicherheit. Seine einzige Sicherheit war der Wille des Vaters. »Dies ist eure Stunde«, sagte er, »und die Macht der Finsternis« (Lk 22,53).

Warum hat Gott dieses Geschehen möglich gemacht? Warum muß es überhaupt eine solche Stunde geben, wo die Finsternis herrschen darf?

Als Jesus es am nächsten Morgen ablehnte, Pilatus eine Antwort zu geben, sagte dieser: »Weißt du nicht, daß ich Macht habe, dich loszugeben und Macht habe, dich zu kreuzigen?« (Joh 19,10). Die Antwort

Jesu schließt das Mysterium des Bösen mit ein: »Du hättest keine Macht über mich, wenn es dir nicht von oben her gegeben wäre« (V.11).

Jeder Mensch, der sich entschließt, Gott zu vertrauen und seinem Willen zu gehorchen, wird entdecken, daß sein Glaube angefochten wird, und daß böse Mächte in sein Leben eindringen. Es gibt für uns ebenso wenig ein Ausweichen wie für den Menschensohn. Wir müssen im Prinzip den gleichen Weg gehen, den Jesus gegangen ist. Immer wieder werden wir verwundert zum Himmel aufschauen und die alte Frage stellen: »Warum, o Gott?«

Im letzten vertrauten Gespräch Jesu mit seinen Jüngern, bevor er ans Kreuz ging, scheint es so, als ob Jesus den Vorhang ein kleines bißchen gelüftet und ihnen einen kurzen Einblick in eine grundlegende Wahrheit gewährt hätte, die damals noch weit über ihr Verständnis hinausging, später aber sowohl für sie als auch für uns erschütternde Bedeutung erlangte. Seine Worte waren: »Es kommt der Fürst dieser Welt. Er hat keine Macht über mich, aber die Welt soll erkennen, daß ich den Vater liebe und tue, wie mir der Vater geboten hat« (Joh 14,30 – 31). Das ist keine Erklärung des Geheimnisses. Es ist nur eine einfache Aussage über Tatsache und Pflicht: Das wird geschehen; darum muß ich dieses tun! Der Böse wird kommen; aber ich muß gehorchen. Die Welt soll erkennen.

Der Fürst der Welt hat Macht. Diese Macht hebt den Willen des Vaters nicht auf (ist noch gültig), und sie überwindet auch den Gehorsam des Sohnes nicht (der geht geradewegs in den Rachen des Todes hinein). Trotzdem: der Wille des Vaters, plus der Gehorsam des Sohnes, plus die Macht des Bösen ergeben zusammen die Kreuzigung. Die Welt soll erkennen. Durch diese furchtbare Strafe soll die Welt zwei Dinge erkennen: die Liebe des Sohnes und seinen absoluten Gehorsam.

Für uns als seine Nachfolger ergibt sich daraus eine Grundlektion: Wenn wir glauben, daß Gott Gott ist, dann darf unser Glaube nicht abhängig sein von den Umständen um uns herum. Er ist ja kein Instinkt. Wir können ihn nicht ableiten von der Frage, wie gut oder wie schlecht es uns gerade geht. Glaube ist ein Geschenk Gottes, und wir können auf diese Gabe nur in *einer* Weise antworten: Der Gott des Universums hat gesprochen, wir glauben, was er sagt, und wir werden gehorchen! Wir müssen eine Entscheidung treffen, die gegen allen Widerstand und auch gegenüber offensichtlichem Widerspruch festbleibt.

Die Macht des Bösen kann niemals über eine Seele siegen, die sich ganz auf Gott und sein Wort stellt. Diese Art von Glaube ist es vielmehr, der die Welt überwindet. Auch der Welt von heute muß das demonstriert werden. Wir (Sie und ich) müssen ihr das gleiche zeigen, was Jesus der Welt an jenem dunklen Tag vor langer Zeit deutlich machte – daß wir den Vater lieben und tun werden, was er sagt.

Was war es, was in dem Film »Stunde des Siegers« so viele Menschen zutiefst getroffen hat? Ich denke, es war die klare, kompromißlose, widerspruchslose Hingabe eines jungen Mannes. Wir kennen heute diese Art der Hingabe kaum noch. Hier war ein Mensch entschlossen, Gott zu gehorchen, und dieser Entschluß war durch nichts zu erschüttern – nicht durch den englischen Thronfolger und nicht durch die Aussicht auf eine Olympiamedaille oder weltweiten Ruhm.

Das einzige, was diesem jungen Mann leidenschaftlich wichtig war, war zu tun, was Jesus von ihm wollte. Und das war es auch, was fünf Männer an einen Ort brachte, von dem sie genau wußten, daß er gefährlich war. In beiden Fällen war lange vorher eine Entscheidung gefallen, die alle folgenden Entscheidungen bestimmte. Die fünf Missionare vertrauten Gott und fürchteten sich nicht. Sie hatten den einzigen Platz im Himmel und auf Erden gefunden, wo man in Sicherheit ist: bei Gott selbst.

»Ich traue auf den Herrn. Wie sagt ihr denn zu mir: Flieh wie ein Vogel auf die Berge! Denn siehe, die Gottlosen spannen den Bogen und legen ihre Pfeile auf die Sehnen, damit heimlich zu schießen auf die Frommen« (Ps 11,1 – 2).

»Denn wer sein Leben erhalten will, der wird's verlieren; wer aber sein Leben verliert um meinetwillen, der wird's finden« (Mt 16,25).

Lassen wir doch los, was die Welt als Sicherheit bezeichnet und übergeben wir alles dem Herrn! Das bedeutet für uns Sicherheit und Erfüllung. Christus kannte seinen Vater und gab sich ohne Vorbehalt in seine Hände. Wenn wir uns um seinetwillen loslassen und diesem Gott als dem Herrn über alles vertrauen, werden wir die gleiche Sicherheit finden, die Christus fand: an der Brust des Vaters.

Ein Grab im Dschungel

Kimus nackte Füße standen fest und sicher auf dem Boden des Kanus, als er uns mit seiner langen Stange auf dem Urwaldfluß im östlichen Ekuador vorwärts stakte. Die Fußballen lagen fest auf, während die Fersen sich hoben und senkten, wenn er die Arme hob und die Stange bis auf den Grund des seichten Wassers hinunterstieß – rhythmisch, stetig. Die Kraft und Festigkeit indianischer Füße hatte mich schon oft fasziniert, wenn die Männer in ihren Einbäumen standen, wenn sie Spuren verfolgten oder auch im Schein des Feuers die Beine aus einer Hängematte herausbaumeln ließen. Diese Füße waren dick und hatten fast quadratische Zehen. Die bleichen, schmalen Füße der Weißen, deren Zehen meist jahrelang in Schuhen eingezwängt sind und dadurch krumm und zusammengedrückt werden, wirken dagegen bedauernswert deformiert.

Das Kanu schaukelte und ruckelte bei den stakenden Bewegungen des Mannes oder wenn die Strömung sich an einem ins Wasser gefallenen Baum staute und einen kleinen Wirbel verursachte. Doch Kimus Gleichgewicht war vollkommen. Die Stange tauchte ein, schwang wieder hoch, das Wasser tröpfelte herunter, und wieder tauchte sie ein. Die Schultermuskeln des Mannes schienen sich mühelos zu bewegen, und seine kraftvollen Schenkel strafften sich jedesmal, wenn er den Einbaum vorwärts stieß.

Wir befanden uns auf dem Ananga-Fluß im Osten Ekuadors. Ich suchte im Schilf entlang des Ufers nach Spuren von Leben. Es war allerdings unwahrscheinlich, daß sich dort Tiere zeigen würden, weil das leichte Klopfen und Scharren der Kanustangen und die Stimmen der Männer jedes Tier vor unserer Annäherung warnten. Die Männer riefen den Papageien, die über uns hinwegflogen, Spottverse zu oder machten untereinander derbe Scherze. Meine Augen waren auch nicht so geübt, den Dschungel zu durchdringen, wie die der Indianer. Bei einer früheren Gelegenheit hatten mir die Indianer einen Alligator zeigen wollen, der direkt vor meinen Augen auf dem Grund des Flusses lag. Das Wasser war dort höchstens anderthalb Meter tief und vollkommen klar. Die Indianer hielten das Kanu an und zeigten mit ihren Stangen auf die Stelle: »Dort, Señora! Gerade dort!« Ich sah nichts. Dann spießte einer der Männer mit einem erstaunlich langsamen und wohlgezielten Stoß den Alligator mit einem Fischspeer auf und brachte ihn an die Oberfläche.

Ein anderes Mal schrien meine Führer plötzlich: »Da! Eine Boa!« Ich schaute schnell nach der Stelle, auf die sie zeigten, aber ich sah nicht einmal die Bewegung eines Blattes, wo die Schlange verschwunden war. Sie sei so dick wie der Schenkel eines Mannes gewesen, sagten mir die Männer.

Heute morgen sahen wir lediglich Vögel und die Spuren von Bisamschweinen und Tapiren. Langsam zog der Dschungel an beiden Seiten des schmalen Flusses vorbei. Das Wasser war an den meisten Stellen seicht und ließ einen hellen Sandboden erkennen. Die Indianer sahen ab und zu Fische, aber auch die entgingen mir. An den Biegungen des Flusses vertiefte sich das Wasser zu leuchtendgrünen Teichen unter überhängenden Felsen, die mit Moosen und Orchideen behangen waren. Plötzlich erfüllte ein lautes Surren die Luft: Kolibris.

Der Morgen war still und sonnig. Abgesehen davon, daß der für mich zusammengebastelte Sitz (zwei Stöcke waren einfach quer über das Kanu eingeklemmt worden) unbequem war, hatte ich fast ein gewisses Glücksgefühl. Auf der gesamten Länge des Dschungelflusses sah man nicht die geringste Spur einer menschlichen Ansiedlung, und dieser ursprüngliche Friede strömte in meine Seele. Das Bewußtsein, daß wir die einzigen menschlichen Wesen in der gesamten Umgebung waren, ließ mich zögern, die Stille zu zerstören. Auch wenn ich einen Vogel oder eine Tierspur sah, wagte ich nicht zu fragen.

Bald erreichten wir die Mündung des Anangu und fuhren in den Curaray-Fluß hinein, der breiter ist und träger dahinfließt. Ich dachte daran, wie ich diesen Fluß das erstemal gesehen hatte. Es war schon über fünf Jahre her, und ich befand mich damals in einer Höhe von einigen hundert Metern. Vier andere Witwen und ich wurden vom US-Rettungsdienst über das Gebiet geflogen, in dem Kimu und vier seiner Stammesgenossen einige Tage vorher unsere Männer umgebracht hatten. Wir knieten auf dem Boden des Flugzeugs und strengten unsere

Augen an, um durch das kleine Fenster den unter uns wogenden Urwald in Augenschein zu nehmen. Es war nicht das geringste zu erkennen. Die riesigen Dschungelflächen wurden nur von den Windungen dieses Flusses mit einigen weißen Sandstreifen an den Ufern unterbrochen. Als das Flugzeug zu kreisen begann, wußten wir, daß es an dieser Stelle, an diesem Strand, geschehen war. Der Streifen glich allen anderen, nur daß wir auf diesem die Überreste eines kleinen Flugzeuges ausmachen konnten. Wir kehrten dann zum Flughafen zurück, und ich stellte mir die Frage, die wahrscheinlich Tausende von Menschen stellen, die gerade ihr Liebstes verloren haben: »Wieso scheint die Sonne immer noch? Es sieht alles so hell und heiter aus wie letzte Woche, als sie alle noch lebten!«

Jetzt, wo wir im Kanu den gleichen Fluß entlang fuhren, bot die Stelle keinen anderen Anblick als vom Flugzeug aus – wie zahllose andere Flüsse im Regenwald des Amazonas. Ich war in den letzten drei Jahren wohl ein Dutzendmal auf diesem Fluß auf und abgefahren, aber bis zu diesem Strand, den wir vom Flugzeug aus gesehen hatten, war ich nie gekommen. Heute wollten wir diese Stelle aufsuchen.

Wir hatten unser Zuhause – eine kleine Dschungellichtung mit acht strohgedeckten Häusern – kurz nach der Dämmerung verlassen und hatten uns auf den Weg gemacht zu dem Platz am Ufer, wo die Kanus lagen. Als wir schon eine Stunde unterwegs waren, dachte ich plötzlich an Streichhölzer. Ich hatte mich so daran gewöhnt, in allem, was wir auf unseren Pfaden benötigten, von den Indianern versorgt zu werden, daß ich selten mehr als Decken und Kleider für mich und meine Tochter Valerie einpackte. Die Indianer jagten und fischten auf diesen Wanderungen, sie kochten die Mahlzeiten, und wir aßen alle zusammen. Sie bauten auch Schutzhütten, in denen wir alle übernachteten. Aber es blieb nicht aus, daß sie sich allmählich auf einige Bequemlichkeiten der Zivilisation einstellten. Und vermutlich hatten sie diesmal damit gerechnet, daß ich die Streichhölzer einpacken würde. Ich fragte sie, ob sie welche dabei hätten. Nein, ob ich denn keine mitgenommen hätte? Als ich zugab, daß ich es vergessen hatte, lachten sie. Dann warf Kimu sein Tragnetz neben dem Pfad auf den Boden. »Ich werde welche holen«, sagte er. Ich hätte nicht gewagt, ihn darum zu bitten, aber ihm machte es offensichtlich nichts aus. Er wandte sich um und ging den Weg wieder zurück, für den wir bisher eine Stunde gebraucht hatten. Eine weitere Stunde würde er für den Rückweg benötigen. Wir gingen weiter und wollten am Fluß auf ihn warten. Doch als wir dort ankamen – es war gerade erst eine Stunde vergangen, seit Kimu uns verlassen hatte –, trat er hinter uns zwischen den Bäumen hervor. Auf seinem Gesicht lag das freundlichste Lächeln. Er sagte nichts. Und ich konnte auch nichts sagen, weil seine Sprache keine Worte für einen Dank oder eine Entschuldigung hat.

Im Kanu befand sich auch Benito, ein Angehöriger des Quichua-Stammes, der am nächsten bei den Aucas lebte. Ein paar Jahre früher hätte er Kimu noch auf der Stelle getötet, wenn er ihn gesehen hätte. Jetzt stand er auf dem flachen Ende des Einbaums, stakte mit seiner Stange im Wasser und sprach mit Kimu in dessen Sprache. Benitos Frau Gimari, eine Auca-Frau, saß hinter den Lebensmitteln und Decken, die auf einer Bambusmatte in der Mitte des Fahrzeuges aufgehäuft waren. Sie war eine der drei Aucas gewesen, die der Lagerstelle, wo mein Mann Jim und seine vier Freunde sich eingerichtet hatten, zwei Tage bevor sie starben, einen freundlichen Besuch abgestattet hatten. Gimari hatte mir gesagt, daß sie mir die Stelle zeigen wollte, wo sie die Fremden zum erstenmal durch die Bäume hindurch gesehen hatte.

Ich war nicht sicher, ob da überhaupt noch ein Strand existieren würde. Dschungelflüsse verändern ihren Lauf mit jedem Regen. Der Sand bewegt sich, die umgefallenen Bäume werden flußabwärts mitgenommen und bleiben in veränderten Lagen wieder irgendwo stecken, wobei sie Schutt anhäufen und neue Inseln schaffen. Die Flußbetten verlagern sich einmal mehr nach der einen Seite und dann wieder nach der anderen. Die Ufer buchten sich mal hier, mal da weiter aus. Doch insgesamt ändert sich eigentlich nichts. Es gibt keine Brücken, die die Flüsse überspannen, keine Dämme, die sie regulieren – außer kleinen Gebilden aus gespaltenem Bambus und Steinen, die die Indianer errichten, um das Wasser für einen Tag aufzustauen, wenn sie Fische fangen wollen. Wir kamen an einigen Lagerstellen vorbei, wo Quichuas für solche Ausflüge leichte Schilfhütten gebaut hatten. Vom nächsten Hochwasser würden sie weggeschwemmt werden. In solchen Hütten hatten wir selbst oft geschlafen und waren manchmal in Gefahr gewesen, weggespült zu werden, wenn der Fluß über Nacht anschwoll. Valerie, die nun sechs Jahre alt war, schaute sehnsüchtig nach den hübschen kleinen Häuschen hin, als wir vorbeifuhren. Sie fragte, warum wir nicht anhalten und die Nacht dort verbringen könnten. Ich erklärte ihr, wir würden haltmachen, wenn es Zeit zum Schlafen sei. Doch an diesem Nachmittag wollten wir noch ein Stück weit den Fluß hinunterkommen.

Als der Vormittag zur Hälfte hinter uns lag, wurden die Kanu-Staker durstig. Sie legten am Ufer an, und Gimari packte ein Päckchen aus, das in Blätter eingewickelt war. Darin war »Chicha«, wie es auf Spanisch heißt – eine Masse aus gekochten Maniokwurzeln, die zerstoßen und leicht angegoren waren. Gimari nahm die Masse in die Hände und preßte sie in einen Kürbis mit Wasser aus. Sie bot dann erst den Männern von dem Getränk an und dann auch uns. Valerie trank es in großen gierigen Schlucken. Die Klumpen und Fäden in der milchigen Flüssigkeit störten sie überhaupt nicht. Ich hatte gelernt, den Erfrischungseffekt zu schätzen, wenn auch nicht unbedingt die Konsistenz dieses sehr nahrhaften Getränks. Aber ich war heilfroh, daß mir der endlose Aufwand eines »zivilisierten« Picknicks erspart blieb. Es gab kein Ein- und Auspacken von Lebensmitteln und Zubehör, kein Geschirr zu spülen, keine verlorene Zeit. Man braucht nicht lang, um das Vernünftige der indianischen Lebensweise einzusehen.

Als alle Beteiligten neue Kräfte gesammelt hatten, kletterten wir wieder in unseren Einbaum und segelten weiter.

Entfernungen auf Flüssen werden hier an der Zahl der Windungen gemessen. Indianische Landmarken sind zum Beispiel: eine bestimmte Baumart, tiefe Stellen im Wasser oder Stellen, wo »der und der« einmal mit dem Speer getötet worden ist, oder wo man auf dem vorletzten Ausflug die Herde wilder Schweine aus den Augen verloren hat. Ich hatte es schon lange aufgegeben, ihren Ortsbeschreibungen zu folgen. Für mich ist eine Windung des Flusses wie die andere. Selbst die Bäume bieten wenig Unterscheidungsmerkmale, vor allem weil sie weitgehend von Lianen und anderen Pflanzen mit Luftwurzeln überwuchert sind. Etwa alle zwanzig Minuten kamen wir um eine neue Biegung – ein Streifen Sand auf der rechten Seite, eine dichte Urwaldmauer auf der linken Seite, dann ein Sandstreifen auf der linken Seite und eine Dschungelmauer auf der rechten Seite. Biegung nach Biegung. Stellenweise schien der Fluß direkt parallel zu seinem bisherigen Verlauf zurückzufließen, so daß man beinahe die schmale Landenge, die an manchen Stellen dazwischen verblieb, hätte durchstechen können.

Ungefähr um zwei Uhr nachmittags sahen wir vor uns eine lange, gerade, ruhige Wasserfläche mit einem langen, geraden Strand auf der rechten Seite. Die Indianer lenkten das Kanu behutsam auf den obersten Punkt dieses Strandes zu, stießen ihre Stangen in den Grund und sprangen heraus. Keiner sprach ein Wort, aber ich konnte mir denken, daß wir am Ziel unserer Fahrt angekommen waren.

»Hier?« fragte ich.

»Hier«, gaben sie zur Antwort. Sie gingen den Strand hinunter. Ich folgte ihnen. Hier war Jim gestorben. Irgendwo hier mußte sein Grab sein. Hundertmal hatte ich versucht, in meinen Vorstellungen die Szene zu rekonstruieren, die sich hier abgespielt hatte. Ich hatte die Farbdias und den Film gesehen, die die Männer hier noch aufgenommen hatten. Ich hatte ihre Tagebücher gelesen, in denen die Ereignisse bis kurz vor ihrem Tod beschrieben waren. Die fünf Aucas, die sie getötet hatten, waren nun meine Freunde. Sie hatten mir ganz aufrichtig erzählt, was sich damals ereignet hatte.

Meine Gedanken wurden plötzlich von einem Jaguar abgelenkt. Ich konnte kaum glauben, was ich sah. Er glitt von einem Haufen riesiger Stämme herunter, die am Strand lagen, und sprang mit langen, langsamen Sätzen zum Wald hin. Dabei schaute er über die Schulter zu uns zurück. Er war der erste Jaguar, den ich im Dschungel zu Gesicht bekam. Ich war verblüfft. Keiner der anderen sah ihn, und mir fiel das Wort für »Jaguar« nicht ein, weder in der Quichua- noch in der Auca-Sprache. Ich konnte nur rufen: »Was ist das?« Jetzt sahen die Indianer ihn auch und rannten hinterher. Keiner hatte ein Gewehr oder auch nur ein Blasrohr, und der Jaguar war schon zu weit weg, als daß Kimu seinen Speer noch hätte nach ihm werfen können. Er verschwand lange bevor wir den Platz erreichten, wo er unter den riesigen Stämmen gelegen und wahrscheinlich geschlafen hatte. Wir prüften die Fußspuren. Dabei fiel mir eine kleine Notiz von Jim ein, die er mir noch aus dem Baumhaus an diesem Strand geschrieben hatte. Ein paar Tage vor seinem Tod waren die Nachrichten per Flugzeug zu uns gelangt: »Ich sah heute morgen eine Menge Puma-Spuren – eine davon so groß wie eine Frauenhand.« Da hatte ich sie vor mir. Das Quichua-Wort »Puma« bedeutet jede Art von Dschungelkatze.

Die Indianer lachten, schalten sich gegenseitig, weil keiner eine Waffe dabei hatte, und stellten Vermutungen an, wohin sich der Jaguar verzogen und was er wohl von uns gedacht haben könnte. Sie verfolgten die Fährte noch bis zum Rand des Urwaldes, wo sie dann verschwand.

Mir kam der absurde Gedanke, daß es vielleicht der gleiche Puma gewesen sei, den auch Jim gesehen hatte. Zuerst war mir das Tier wirklich wie ein Gespenst vorgekommen. Was suchte es hier? Jetzt erschien es mir plötzlich wie ein Bindeglied zwischen der Vergangenheit und der Gegenwart.

Benito war den Strand weiter hinuntergegangen. Ich sah, wie er im Sand herumstocherte und grub.

»Flugzeug«, sagte er. Da sah ich ein Stückchen Aluminium, das ein paar Zoll weit aus dem Sand herausragte. Der verrostete Rest eines anderen Metalls war daran befestigt. Ich kniete nieder und nahm es in Augenschein. Es stammte von Nate Saints Maschine, ein Stück, das über die Tür gehörte. Das unaufhörliche Steigen und Fallen des Flusses hatte den Rest der Maschine begraben. Nate hatte jeden der anderen vier Männer hierhergeflogen, einen nach dem anderen, mit allem Gepäck einschließlich der Bretter für ein Baumhaus. Es gehörte schon hohes fliegerisches Können dazu, in diesem schmalen Tal zwischen Bäumen und Wasser auf einer 100 m langen Landzunge aus Sand zu landen.

Kimu zeigte auf die Bäume flußabwärts. »Von daher kam das Flugzeug gerade über jene Bäume. Dann flog es in der Richtung dorthin wieder fort (er zeigte in die entgegengesetzte Richtung), so daß wir es nicht mehr sehen konnten, dorthin, wo alles blau aussieht – weit weg.«

Als die Aucas die fünf Männer getötet hatten, rissen sie die Tragflächen von dem Flugzeug ab. »Wir hatten Angst, es könnte allein heimfliegen«, erklärten sie mir.

Ich fragte Gimari, wo sie zuerst aus dem Dschungel hervorgetreten sei, um die Fremden zu begrüßen. Sie zeigte über den Fluß zum anderen Ufer.

»Ihr Mann sah uns. Er kam herüber und führte uns hierher.« Sie lachte in der Erinnerung daran.

»Und die Männer mit den Speeren, woher kamen sie?«

»Die kamen von der gleichen Stelle aus«, sagte sie. »Sie hatten die Fremden seit zwei Tagen heimlich beobachtet. Dann hatten sie Frauen mitgebracht. Die Frauen wollten auch die Fremden sehen. Sie kamen als erste heraus und setzten sich hier am Strand hin. Die Männer hatten ein kleines Haus gebaut, in dem sie kochen konnten. Die Frauen fachten das Feuer für die Fremden an. Diese setzten sich zu ihnen, und alle lachten miteinander. Sie aßen ein wenig Fleisch und ein paar Wespennester (das ist das Auca-Wort für Brot). Akawu, meine Mutter, blies das Feuer an. Dann sprangen plötzlich Gikita und Minkayi mit ihren Speeren aus dem Wald hervor – direkt von dort drüben. Sie brachten alle mit ihren Speeren um.«

Sie sagte das ganz lässig und freundlich.

Einer der Indianer fragte, ob ich sehen wollte, wo die Männer begraben seien. Ja, das wollte ich, obwohl ich wußte, daß es da nichts zu sehen geben würde. Valerie sah uns am Strand zurückgehen und kam atemlos angerannt. Für sie war dieser Ausflug ein großer Spaß. Natürlich hatte ich ihr gesagt, daß wir zu dem Platz wollten, wo ihre Freunde ihren Vater getötet hatten. Aber da sie nicht die geringste Erinnerung an ihn besaß, bedeutete das kaum etwas für sie, während jeder Ausflug mit den Indianern – ob auf dem Dschungelpfad oder mit dem Kanu – ein großes Erlebnis für sie war. Aber jetzt wollte sie wissen, wann wir ihren Papi sehen würden. Ich erklärte ihr, daß wir ihn überhaupt nicht sehen würden – d.h. nicht, bis wir ihn bei Gott sahen –, aber wir würden die Stelle sehen, wo andere Missionare ihn beerdigt hatten.

Die Indianer führten mich zu dem Schilfstreifen am Rand des Urwaldes und drangen dort ein paar Schritte weit ein – bis zu einer Stelle, die ein Stück höher lag als die Wasseroberfläche des Flusses.

»Hier«, zeigte einer von ihnen. Ich sah eine leichte Senkung im Boden, die von starkem Schilfwuchs bedeckt war. Hier waren fünf Männer begraben: Roger Youderian aus Montana, Pete Fleming aus Seattle, Nate Saint aus Philadelphia, und Jim, mein Mann, der aus Portland in Oregon stammte. Die Leiche von Ed McCully aus Milwaukee war nicht gefunden worden. Der Curaray hatte sie vermutlich weggespült, bevor der Suchtrupp die Stelle erreicht hatte.

Die schlichten Worte eines Mannes, der um seine Frau trauerte, kamen mir ins Gedächtnis: »Doch sie ist dort im Grab, und ach – was für einen Unterschied das für mich macht!«

Es dauerte nicht lange, bis ich aus meinen Gedanken wieder in die Gegenwart zurückkehrte. Kimu hob ein Stückchen Aluminiumblech auf, das noch mit einem Nagel an einem nur wenige Zoll großen Überbleibsel des Holzhauses hing, das die Fremden hier errichtet hatten.

»Ah! Hier hab ich ein hübsches Stück Blech gefunden, mit dem ich mein Kanu flicken kann!« sagte er. Für ihn war damit die Fahrt bereits zu einem lohnenden Unternehmen geworden. Die anderen stöberten in den Büschen herum, um weitere Überreste zu finden. Es gab nichts mehr außer einem stark verfaulten Stumpf in der Nähe, von dem die Indianer sagten, daß er von dem Baum war, auf dem sich das Haus befunden hatte. Der Dschungel hatte inzwischen alle Spuren verwischt.

Wir gingen zurück ins Sonnenlicht am Flußufer. Das Wasser war hier tiefer und ruhiger als weiter oben. Es war sanft und still, und es fiel mir schwer, mir die Urkraft vorzustellen, mit der es zu Zeiten des Hochwassers solche riesigen Bäume mit sich führte, die zwei bis drei Meter Durchmesser hatten, und die es dann der Länge nach im Sand absetzte und liegen ließ.

Und es war noch schwieriger sich vorzustellen, daß irgend etwas von Bedeutung sich jemals hier in dieser Stille abgespielt haben sollte. Diesem Gedanken folgte unmittelbar die Erkenntnis: Von denen, die hier anwesend waren, war ich die einzige, für die das, was sich hier abgespielt hatte, noch Bedeutung besaß. Einige Indianer stocherten im Sand herum und suchten Schildkröteneier. Valerie lief hinter einem Welpen her, den wir mitgebracht hatten.

Ich schaute auf Kimu, dessen Liste von Menschen, die er mit dem Speer getötet hatte, auch seine eigenen Schwiegereltern einschloß. Er stand ruhig da und wartete auf die anderen. Vor sich hielt er aufrecht eine Lanze, die aufs Haar derjenigen glich, die sie damals benutzt hatten, um die fünf Amerikaner zu töten. Aus seinem Ohrläppchen hatte er die weißen Balsaholzstecker herausgenommen, die vorher, zusammen mit einem Stück Stoff als Lendengurt, alles gewesen waren, was er am Leib trug. Die großen klaffenden Lücken in seinen Ohren, wo die Holzstücke gesteckt hatten, trugen nicht gerade zur Verschönerung seiner äußeren Erscheinung bei. Und ebenso wenig taten das die ausgebeulten blauen Hosen, die er nun in Nachahmung der Quichuas trug. Aber wenn ich die Breite und Kraft seines Brustkastens und seiner Arme sah, konnte ich es mir vorstellen, wie er diesen Speer schleuderte. Gleichzeitig machten die Freundlichkeit und Heiterkeit seines Ausdrucks es undenkbar, daß er damit jemals auf einen Menschen hätte zielen können.

Wie Kimu, so wirkte auch der Dschungel unerschütterlich. Der Sand, der nach meinem Empfinden unzerstörbare Spuren jener schrecklichen Szene hätte tragen sollen, war sauber gespült. Ich dachte an die Berichte, die zwei der Mörder für mich auf Band gesprochen hatten. Jeder gab seine Version der Ereignisse wieder, die an jenem Sonntagnachmittag vor fünf Jahren stattgefunden hatten. Sie hatten sich dabei in meine Hängematte gesetzt und hatten dabei das Mikrofon so lässig in die Hand genommen, wie der erfahrenste Fernsehkommentator. Sie hatten beschrieben, was sie getan hatten – wer wen umgebracht hatte (sie bezeichneten die Opfer als: »der Große«, oder »der mit dem schwarzen Haar« oder »der mit den vielen Haaren«) und wieviel Stöße sie gebraucht hatten, bis sie tot waren. Wie die Fremden in den Fluß gesprungen oder in den Dschungel gelaufen waren mit den Speeren in ihren Körpern. Wie sie dann wieder zu ihren Kameraden am Strand zurückgekehrt waren, wie die Aucas die Speere herausgerissen und sie erneut zugestoßen hatten. Wie dann die Aucas, als sie den Eindruck hatten, daß alle tot waren oder doch beinahe, sich über ihre Sachen hergemacht hatten. Wie sie sich genommen hatten. was sie für brauchbar hielten, und Dinge, die ihnen nutzlos erschienen, wie Kameras und Gewehre, in den Fluß geworfen hatten. Wie sie dann zu ihren Familien zurückgekehrt waren, um ihnen zu erzählen, daß sie alle Fremden, die mit dem Flugzeug gekommen waren, beseitigt hatten. Es war alles das Werk eines einzigen Tages gewesen.

Für die Indianer war die Sache damit abgetan. Für mich nicht (Ach, was für ein Unterschied!) und für Gott auch nicht. Er ist ja der Schreiber der gesamten menschlichen Geschichte. Sie ist noch nicht zu Ende. Auf einer anderen Ebene erhalten die schrecklichen Ereignisse jenes Tages ein völlig anderes Licht:

> »Und ich hörte eine große Stimme, die sprach im Himmel: Nun ist das Heil und die Kraft und das Reich unseres Gottes geworden und die Macht seines Christus; denn der Verkläger unserer Brüder ist verworfen, der sie verklagte Tag und Nacht vor unserm Gott. Und sie haben ihn überwunden durch des Lammes Blut und durch das Wort ihres Zeugnisses und haben ihr Leben nicht geliebt, bis hin zum Tod.
> Darum freut euch, ihr Himmel und die darin wohnen! Weh aber der Erde und dem Meer! Denn der Teufel kommt zu euch hinab und hat einen großen Zorn und weiß, daß er wenig Zeit hat« (Offb 12,10 – 12).

Kimu schaute mich fragend an und lächelte geduldig.

»Waeniya?« sagte er und benutzte den Namen, den die Indianer mir gegeben hatten. »Laß uns gehen.«

»Laß uns gehen«, sagte ich.

Es gab keinen Grund mehr zu bleiben. Wir tranken noch einmal etwas »Chicha«, stiegen in den Einbaum und fuhren den Curaray wieder hinauf. Die Indianer wollten vor Einbruch der Nacht eine sichere Unterkunft erreichen, also mußten wir uns beeilen. Und vielleicht würde es unterwegs noch ein paar Fische oder einen Tapir zu fangen geben.

Nimm den Besen in die Hand...

Noch vier Tage, dann würde sie siebzehn sein. Auch ihr Vater würde am gleichen Tag Geburtstag haben, aber eine Feier würde es dieses Jahr nicht geben. Es war gerade die Zeit der Weltwirtschaftskrise, und ihr Vater lag im Sterben. Die Kinder knieten um das Bett herum, während die Mutter betete. Das Mädchen überlegte, ob wohl irgend jemand den Worten der Mutter zuhörte. War Gott selbst den Menschen nahe genug, um ein Gebet zu hören? Nahm er überhaupt Notiz von der Situation der Familie?

Am Beerdigungstag regnete es. Nur Mutters Freunde kamen – die des Vaters rührten sich nicht. Das Mädchen, das irgendwo als Hausgehilfin beschäftigt war, mußte sich für den Anlaß ein schwarzes Kleid leihen. Als sie in das leere Haus zurückkehrten, überfiel sie ein nahezu überwältigendes Gefühl der Verlassenheit. Doch die Witwe, die drei Tage lang fast stumm gewesen war, ging in die Küche, nahm den Besen in die Hand und begann zu fegen.

»Ich kann gar nicht sagen, wie diese Handlung und das leise Geräusch des Fegens mir plötzlich Mut gaben weiterzumachen«, schrieb das Mädchen viele Jahre später. »Meine Mutter war nun das Haupt der Familie, und wir folgten ihr. Wir setzten uns nicht einfach hin, die Hände im Schoß, und fragten: Was soll nun geschehen? Was wird aus uns? Unser Haus wurde versteigert, und der Rechtsanwalt meines Vaters brachte meine Mutter um das ganze Vermögen. Sie verließ sein Büro als bettelarme Witwe mit sieben Kindern zwischen acht und achtzehn. Später fragte jemand meine Mutter, wie sie das durchgestanden hätte. Die Antwort lautete ganz schlicht: »Ich habe gebetet.«

Die Verbindung von Gebet und treuer Erfüllung der täglichen Pflichten ist schon für manchen, dem alle Hoffnungen zerstört wurden, zum Balsam für die Seele geworden. Der Herr sagte einmal zu Hesekiel: »Du Menschenkind, siehe, ich will dir deiner Augen Freude nehmen durch einen plötzlichen Tod. Aber du sollst nicht klagen und nicht weinen und keine Träne vergießen. Heimlich darfst du seufzen, aber keine Totenklage halten« (Hes 24,16 – 17). Gott verweigerte Hesekiel, seiner Trauer den üblichen Ausdruck zu verleihen und verbot ihm, das »Trauerbrot« zu essen. Hesekiels Antwort lautete: »Ja, Herr«! »Und als ich am Morgen zum Volk geredet hatte«, so sagt Hesekiel, »starb mir am Abend meine Frau. Und ich tat am andern Morgen, wie mir befohlen war.« Der Gehorsam wurde sein Trost.

Auch der Psalmist entdeckte das: »Wohl denen, die sich an seine Mahnungen halten... Ich habe Freude an deinen Satzungen... Ich laufe den Weg deiner Gebote, denn du tröstest mein Herz« (Ps 119,2.16.32). Glück, Freude, Entzücken – wo können sie herkommen, wenn gerade für einen Menschen die Welt eingestürzt ist?

Wenn man diesen Psalm studiert, sieht man, daß der Psalmsänger nahezu alle Arten von menschlichem Leid aus erster Hand kannte. Für sie alle fand er den gleichen Trost: das Wort des Herrn, das mit den verschiedensten Namen bezeichnet wird: »Gebote, Anweisungen, Rat, Gesetz, Vorschriften, Wahrheit.«

Er verstand das Gefühl der Entfremdungen, das wir alle schon erlebt haben: »Ich bin ein Gast auf Erden« (V.19). Er kannte unerfüllte Wünsche: »Meine Seele verzehrt sich vor Verlangen« (V.20). Er war schlecht behandelt worden: »Wende von mir Schmach und Verachtung... Fürsten sitzen da und reden wider mich« (V.22 – 23). Er kannte das Gefühl äußerster Verzweiflung: »Meine Seele liegt im Staube« (V.25). Er wurde verfolgt: »Der Gottlosen Stricke umschlingen mich« (V.61).

Der Mann, der diesen Psalm schrieb, hatte menschlich gesprochen viel Grund, sich selbst zu bedauern. Aber es ist nicht das Selbstmitleid, das ihn dazu bringt, seine Leiden aufzuzählen. Es ist eine offene Einschätzung seiner Lage in der Gegenwart des Herrn. Jeder Einzelheit auf seiner Liste folgt ein Gebet für die besondere Not, für die er Hilfe braucht, oder eine erneute Bestätigung seines Vertrauens in das Wort seines Gottes.

Der Eine, der ein »brüllender Löwe« genannt wird (1. Petr 5,8), weiß sehr gut, daß er seine Beute viel leichter bekommen kann, wenn sie durch Kummer und Sorge jeder Art geschwächt ist. Die Witwe mit dem Besen in der Hand beschämte diesen »brüllenden Löwen«. Sie »wurde nicht wankend in diesen Bedrängnissen« (1. Thess 3,3), brach nicht zusammen und schwelgte nicht in einem Sumpf von Selbstmitleid. Sie wußte, wo sie die Kraft zum Weitergehen finden konnte. Und sie ging sofort dorthin und empfing die Kraft, von der Paulus sagt, daß sie »in den Schwachen mächtig ist« (2. Kor 12,9).

Auf gleiche Weise wurde ich aus »den Klauen des Löwen« gerettet, als alles in mir schrie: »Das kannst du nicht verkraften«! Ich wachte eines Morgens in einer leichten, kleinen, schilfbedeckten Schutzhütte im ekuadorianischen Dschungel auf, und der Regen strömte nur so vom Himmel. Der Fluß war gefährlich angeschwollen. Der Gedanke, bei diesem Wolkenbruch zu packen, mit meiner kleinen Tochter in einen Einbaum zu steigen und dann den ganzen Tag lang einen anderen Fluß mit einer Stange hinaufgestakt zu werden, um zu einer entfernten Lichtung zu gelangen, war absolut trostlos. Ich war einsam, verzweifelt, gefangen in meiner Situation. Aber die wunderbare Gnade, die mich sicher bis hierher gebracht hatte, erinnerte mich daran, was ich zu tun hatte. Ich schaute zum Herrn auf. »Siehe, ich bin bei dir alle Tage«, war seine Antwort. *Alle* Tage – einerlei was für ein Wetter wir hatten, oder wie isoliert ich war. Ich faßte mir ein Herz und machte es wie die Frau mit dem Besen: Ich tat das Nächstliegende. Ich packte meine Sachen zusammen, nahm Valerie an die Hand und stieg mit ihr in das Kanu. Ich glaube, es regnete noch den ganzen Tag, aber das machte mir nun nichts mehr aus, weil in mir die Sonne wieder schien.

Es geschieht etwas Wunderbares, wenn wir uns dem Herrn zuwenden und »den Besen in die Hand nehmen«. Wir entdecken wie der Psalmist: daß auch an diesem Tag (wie schlimm er auch sein mag) die Ordnungen Gottes und seine Treue fest bestehen, »denn es muß dir alles dienen« (Ps 119,91).

In der Gegenwart des Vaters

Mein achtzehn Monate alter Enkel Walter, sein Vater und ich waren im Auto unterwegs, als dem Vater des Jungen einfiel, daß es wieder einmal an der Zeit sei, den Wagen waschen zu lassen.

Nun können die automatischen Waschanlagen, wenn man sie zum erstenmal durchfährt, selbst für einen Erwachsenen ein bißchen schaurig wirken. Ich beobachtete Walters Gesicht, als der Wagen in den dunklen Tunnel hineingezogen wurde. Plötzlich rauschte das Wasser in Sturzbächen über alle vier Seiten des Autos. Die blauen Augen des Jungen wurden immer größer – wandten sich aber dann von den Fenstern ab und dem Gesicht seines Vaters zu.

Er war noch zu klein, um zu verstehen, was da vor sich ging. Und niemand hatte ihm vorher eine Erklärung gegeben. Das einzige, was er sicher wußte, war, daß sein Vater sich um ihn kümmern und für ihn sorgen würde. Dann begannen die riesigen Bürsten, uns zu umschließen. Sie wirbelten herum und schlugen gegen die Scheiben und machten dabei einen beträchtlichen Lärm. Es wurde noch dunkler im Innern des Wagens.

Der Junge konnte nicht wissen, ob wir lebend wieder aus dem Geschehen herauskommen würden. Seine Augen wanderten wieder und wieder von den Bürsten zum Gesicht seines Vaters. Ich konnte sehen, daß er Angst hatte, aber er schrie nicht.

Dann kam das Gummirad dröhnend nach unten und drückte auf die Windschutzscheibe. Das Heißluftgebläse wurde angestellt. Dem Kind muß es vorgekommen sein, als ob der Weg durch diesen Tunnel nie zu Ende ginge. Welche weiteren Schrecken mochten uns wohl noch bevorstehen? Der Junge klammerte sich an einem einzigen Punkt fest: er kannte seinen Vater. Der hatte ihm noch nie Grund gegeben, ihm nicht zu vertrauen, aber...

Als das Auto schließlich in den Sonnenschein hinausfuhr, ging ein breites Lächeln über das Gesicht des Kleinen. Alles war o.k. Papi wußte immer, was er tat.

Wie Walter bin ich auch schon durch dunkle Tunnel gekommen. Obwohl sie furchteinflößend waren, machte ich doch immer die Erfahrung, daß mein himmlischer Vater den Ausweg kennt.

Vor dreißig Jahren stand ich in einem Haus am Atun Yacu, einem der Quellflüsse des Amazonas, neben einem Kurzwellensender und hörte, daß mein Mann, Jim Elliot, einer der fünf vermißten Missionare war. Sie waren in das Gebiet der Auca-Indianer vorgedrungen, einem Volk, das niemals den Namen Jesus auch nur gehört hatte. Was sollte ich tun? Ich vermute, daß ich damals nur laut rief: »O Herr!«

Und er antwortete mir. Nicht mit einer hörbaren Stimme (auf diese Weise hat Gott niemals zu mir gesprochen). Aber er brachte mir die alte Verheißung aus dem Buch Jesaja ins Gedächtnis: »Ich habe dich bei deinem Namen gerufen; du bist mein. Wenn du durch Wasser gehst, will ich bei dir sein, daß dich die Ströme nicht ersäufen sollen, und wenn du ins Feuer gehst, sollst du nicht brennen, und die Flamme soll dich nicht versengen. Denn ich bin der Herr, dein Gott« (Jes 43,1 – 3).

Ich bin der Herr, dein Gott. Denken Sie daran!

Der Eine, der dieses unbegreifliche Universum mit solch präzise ablaufenden Vorgängen eingerichtet hat, daß die Astronomen genau vorhersagen können, wann z.B. der Halley'sche Komet auftauchen wird – dieser Gott ist mein Herr.

Evelyn Underhill sagt: »Wenn Gott so klein wäre, daß man ihn verstehen könnte, dann wäre er nicht groß genug, daß er der Anbetung wert wäre.«

Können wir uns vorstellen, daß Gott, der mit so vielen erstaunlichen Dingen beschäftigt ist, sich um uns einzelne kleine Menschenkinder kümmert? Wir stellen es uns vor! Wir hoffen es! Und das ist der Grund, weshalb wir uns in unserer Verzweiflung an ihn wenden und schreien, wie ich es tat: »O Herr!« Wohin sollten wir uns sonst wenden, wenn wir am Ende unserer Möglichkeiten angekommen sind?

Liebt Gott uns wirklich? Der große Theologe Karl Barth wurde einmal gefragt, ob er all die theologischen Schriften, die er verfaßt hatte, in einen einzigen Satz zusammenfassen könne.

»Ja«, antwortete er. »Das kann ich: Jesus liebt mich, das weiß ich, weil die Bibel es mir sagt.«

Denken wir an den Bericht von der Kreuzigung, wie er in Markus 15 festgehalten ist. Jesus wurde an ein Kreuz geschlagen. Es war ein von Menschen gemachtes Kreuz. Von Menschen gemachte Nägel wurden durch seine Hände getrieben – die Hände, die einst Galaxien gestaltet hatten. Böse Menschen zogen ihn an diesem Kreuz in die Höhe. Dann schleuderten sie ihm frechen, unverschämten Spott entgegen. »Ist er der Christus, der König von Israel, so steige er nun vom Kreuz, damit wir sehen und glauben« (Mk 15,32).

Er kam nicht herunter. Er blieb am Kreuz! Er hätte eine Armee von Engeln zu seiner Rettung herbeirufen können, aber er blieb, wo er war. Warum? Weil er uns liebte, mit einer Liebe, die auch das Letzte zu opfern bereit war.

Aus Liebe zu uns gab der Vater seinen Sohn. Aus Liebe zum Vater war der Sohn willig zu sterben: »denn durch Gottes Gnade sollte er für alle den Tod schmecken« (Hebr 2,9).

Als ich hörte, daß Jim vermißt war, war meine erste Reaktion: »O Herr!« Gott antwortete mir, indem er mir eine Verheißung gab: »Wenn du durch Wasser gehst, will ich bei dir sein.«

War das genug für mich? War das alles, was ich wollte? Nein, ich wollte Jim lebendig zurückbekommen. Und ich wollte auch nicht durch diesen tiefen Fluß gehen, durch diesen dunklen Tunnel. Fünf Tage später bekam ich einen anderen Funkspruch: Jim war tot. Alle fünf Männer waren tot.

Gott hatte kein Wunder getan. Er ist kein Talisman, kein magischer Zauber, den wir in der Tasche bei uns tragen können, und den wir nur anzurühren brauchen, um alles zu bekommen, was wir wollen. Er hätte einen Rettungstrupp von Engeln schicken können, um Jim und die anderen vor den Indianern zu bewahren, aber er tat es nicht. Warum nicht? Liebte er uns nicht?

Vierzehn Jahre später führte Gott einen anderen Mann in mein Leben. Schon meine erste Heirat hatte ich als ein Wunder betrachtet! Nun war ich zu meinem eigenen Erstaunen noch einmal Ehefrau.

Doch Addison Leitch und ich hatten unseren vierten Hochzeitstag noch nicht gefeiert, als wir erfuhren, daß er Krebs hatte. »O Herr«, dachte ich, »schon wieder so ein dunkler Tunnel vor mir!« Das Urteil der Ärzte war ernst, aber wir beteten trotzdem um Heilung. Wir wußten nicht mit Sicherheit, was dabei herauskommen würde, aber wie der kleine Walter kannten wir unseren Vater. Wir konnten unsere Augen nur von den erschreckenden Zukunftsaussichten wegwenden auf ihn hin, in dem Bewußtsein, daß er bis zum Äußersten treu ist.

Welch dunkler Weg auch immer vor uns liegen mag, Gott ist schon vorher dagewesen. Welche tiefen Wasserströme uns zu ertränken drohen – er hat sie schon durchquert. Glaube ist nicht nur ein gutes Gefühl von Gott, sondern eine bewußte Entscheidung, seinem Wort zu gehorchen, wenn er uns auffordert: »Vertraue mir!«, selbst wenn alle positiven Gefühle oder Ermutigungen von außen fehlen. Diese Wahl hat nichts mit Stimmungen zu tun, sondern ist ein bewußter Willensakt, sich auf das Wesen Gottes zu verlassen, das sich unter keinen Umständen jemals verändert.

Liebt er uns? »Nein! Nein! Nein!« scheinen unsere Lebensumstände zu schreien. Wir können die Tatsache seiner unveränderlichen Liebe nicht von den sichtbaren Umständen um uns herum ableiten. Da gibt es viel Wirrwarr und Unbegreiflichkeiten. Wenn wir aber unsere Augen auf das Kreuz von Golgatha richten, sehen wir dort den unwiderlegbaren Beweis, der sich durch die Jahrhunderte bewährt: »Denn so sehr hat Gott die Welt geliebt, daß er seinen einzigen Sohn dem Tode preisgab« (Joh 3,16, Zink).

Für Gott sind wir alle »kleine Walter«. Er weiß, warum »das Auto gewaschen werden muß«, er kennt die dunklen Strecken in jedem menschlichen Leben, aber er ist mit im Wagen. Das Hinausfahren wird wundervoll sein!

Ein eherner Himmel

Seit etwa einem Jahr bin ich Zeuge eines Dramas, das uns heutigen Menschen je länger je mehr vertraut ist: Jemand hat entdeckt, daß er an Krebs erkrankt ist. Nun beginnt die medizinische Tretmühle der Untersuchungen mit ihren unerbittlichen Ergebnissen. Hoffnung flammt auf, begleitet den Menschen eine Weile, sinkt bei jeder Krise in sich zusammen. Der Kranke wird mutlos, rafft sich wieder auf und verliert erneut an Kraft. Und schließlich wird die Hoffnung stillschweigend beiseite geschoben – ausgemustert.

Die Betroffenen in dem erwähnten Fall sind Christen. Eines Tages kommt es dann dahin, daß sie sich in einen Strudel hineingezogen fühlen, in dem die eigenen Erfahrungen untergehen – aber aufgefangen werden vom Meer des göttlichen Willens. Die ganze Frage des Betens und seiner Erhörung klafft als gähnender Abgrund offen.

Alle Verheißungen sind abgeklopft worden. Immer wieder. »Ist die Voraussetzung für Gebetserhörungen, daß wir genug Glauben haben?« »Wir müssen unser eigenes Herz prüfen, um festzustellen, ob es dort ein Hindernis für eine Erhörung gibt – Sünde oder Unglaube.« »Wir dürfen uns auf die Verheißungen berufen!« »Wir sollten daran festhalten und sie für uns in Anspruch nehmen.« »Wir müssen dem Teufel und seiner Waffe des Zweifels widerstehen.«

Und wir stürzen uns auf alle Berichte und Zeugnisse von Heilungen: »Denk nur, was dem und dem passiert ist!« »Hör dir dies einmal an!« »Ich habe da gerade ein wunderbares Traktat gelesen!« Wir kennen die biblischen Heilungsberichte auswendig. Wir sind davon überzeugt, daß die Gabe der Heilung nicht auf das apostolische Zeitalter beschränkt war. Wir sind froh über die Berichte von Krankenheilungen, die aus allen Ecken der Kirche zu hören sind – nicht nur von den Gruppen, die sich traditionell aufs Heilen spezialisiert haben, sondern auch aus den großen alten Kirchen – der Römischen, der Anglikanischen, von den Lutheranern, Presbyterianern usw. »Gott handelt in unseren Tagen«, so kann man hören, und wir nehmen solche Meinungen begierig in uns auf.

Inzwischen werden Operationen notwendig, die Bestrahlungen werden fortgesetzt, schreckliche Wochen vergehen – eine nach der anderen. Das Leiden wird zum steten Begleiter. Die Ärzte riegeln den Patienten ab und ziehen sich mit ihm in die Welt der Kliniken zurück – mit ihren linoleumbelegten Fluren und den Behandlungsräumen mit den blitzenden Geräten aus rostfreiem Stahl. Auch unsere Herzen werden krank, und wir versuchen, die Augen von der schwarzen Flagge abzuwenden, die wir am Horizont flattern sehen. Wir haben den Eindruck, daß sie über uns spottet.

Und dann beschleicht uns die Frage: »Wo ist nun dein Gott?« Wo ist die Verheißung seines Eingreifens? »Er hat Gott vertraut; der erlöse ihn nun...« heißt es irgendwo (Mt 27,43). Und dann wissen wir, daß wir nicht die ersten menschlichen Wesen sind, denen der Versucher und seine Gefolgsleute solche Sticheleien entgegenschleuderten.

Wir sehnen uns nach einem Lichtstrahl. Wir schauen uns nach Hilfe um. Unsere Gebete scheinen sich aufzulösen, wie es so oft die Nebelstreifen im klaren Äther des Kosmos tun, oder schlimmer noch: Sie bleiben am Putz der Zimmerdecke hängen. Wir strengen unsere Ohren an, um ein Wort vom »Berg Gottes« zu hören. Ein Flüstern würde uns ja schon genügen, so sagen wir uns, da offensichtlich weder Blitz noch Donner durch unser Drängen ausgelöst wurde (ja, auch diese Taktik haben wir ausprobiert: den Weg des Unglaubens).

Aber da ist nur tödliche Stille. Leere. Nichts. »Aber Herr, wie sollen wir wissen, ob wir auf dem rechten Weg sind, wenn wir gar keine Gewißheit von dir her bekommen – eine Bestätigung in irgendeiner Weise, Herr –, vielleicht inneren Frieden, oder daß ein paar Bibelverse plötzlich für uns bedeutsam werden oder irgendein Zeichen. Bitte schenk uns doch eine erkennbare Bezeugung von dem, was du in deinem Buch gesagt hast!« Nichts. Stille. Leere.

An diesem Punkt angekommen, versuchen wir vielleicht, über die Erfahrungen der Menschen nachzudenken, die in den vergangenen Jahrtausenden mit Gott lebten. Es gab da eine Menge merkwürdiger Dinge, die ihnen widerfuhren: wunderbare Befreiungen, große Siege, Königreiche, die stürzten, Witwen, die ihre Toten zurückbekamen. Manche liefen in Schafpelzen und Ziegenfellen herum...

»Menschen, die in Schaf- oder Ziegenfellen umherwanderten? Was ist da schiefgegangen?«

»Das wird bei den Taten aufgezählt, die aus dem Glauben geschahen.«

»Aber dann muß doch etwas schiefgegangen sein!«

»Nein! Das ist ein Teil der Lasten, die Menschen des Glaubens tragen müssen. Es handelt sich ja hier um einen Bericht von dem, was gläubigen Menschen widerfuhr! In diesen Dingen erlebten sie Gott.«

Hier finden wir ein ganzes Spektrum von Erfahrungen. Die Witwe von Nain erhielt ihren Sohn aus dem Tod zurück – andere Mütter nicht. Petrus kam aus dem Gefängnis heraus und Johannes der Täufer nicht. Elia fuhr mit feurigen Rossen zum Himmel auf, und Josef endete in einem ägyptischen Grab. Paulus heilte andere Menschen. Seine Bitte um die eigene Heilung wurde aber abgelehnt.

Eine ganze Reihe von Einzelheiten aus den Evangelien sind meiner Meinung nach in Umständen wie der hier beschriebenen besonderen Situationen von Bedeutung, wo nämlich Befreiung tatsächlich nicht eintrat. Ganz offensichtlich ging die verheerende Gewalt der reinen Natur oft ihren schrecklichen Weg zu Ende – ohne daß ihr vom Himmel her Einhalt geboten wurde.

Einer der erwähnten Berichte enthält die Geschichte von Lazarus, ein anderer die der Emmaus-Jünger. Der Leser wird sofort einwenden: »Aber in beiden Fällen wurden die Toten schließlich doch auferweckt.« Nun, vielleicht findet sich trotzdem etwas darin, das uns angeht.

Zunächst: Die Menschen, um die es bei diesen Vorfällen ging, waren Anhänger Jesu. Sie hatten vermutlich gesehen, wie er Dutzende von Menschen geheilt hatte. Dann erlebten diese Jünger, wie all ihre Hoffnungen und Erwartungen durch den Tod zerschlagen wurden. Gott, so schien es, handelte nicht. Er, der als »das Leben« bezeichnet worden war, als der Geber des Lebens, schien hier seinen Leuten den Rücken zugewandt zu haben. Was war verkehrt gelaufen? Was taten die Freunde in Bethanien nicht, das die Witwe von Nain getan hatte? Wie sollen wir das unter einen Hut bringen? Wer schätzt die Lage richtig ein und wer nicht? Was auch immer wir ihnen in diesen Tagen nach dem Todesfall gesagt hätten – wir wären nicht um die Tatsache herumgekommen, daß Gott für andere etwas getan hatte, das er den Freunden in Bethanien offensichtlich »vorenthielt«.

Von unserem Standort aus können wir Gläubigen, die wir zweitausend Jahre später leben, natürlich erkennen, welche wunderbare Absicht Gott mit diesen Menschen hatte, und daß das in beiden Fällen wenige Tage später auch schon sichtbar wurde. Diese Geschichten erscheinen uns sinnvoll. Sie gehen so viel besser aus, als wenn der Tod nicht eingetreten wäre. Doch hätte es Maria und Marta oder auch die zwei Jünger auf dem Weg nach Emmaus wohl kaum getröstet, wenn wir ihnen versichert hätten: »Paßt auf, Gott hat bestimmt etwas Gutes mit euch vor. Ihr müßt nur darauf warten!«

Und doch – was hätten wir sonst noch sagen können? Ihre Erfahrung ging zu diesem Zeitpunkt nicht über die Endgültigkeit des Todes hinaus. Alles, was sie erwartet hatten, wovon sie geträumt hatten, war zunichte geworden. Aufstehen und springen und Gott loben war für sie undenkbar. Erneutes Umarmen der für sie Verlorenen und entzückte Tränen über ein Wiedersehen lag außerhalb ihres Vorstellungsbereichs. Ihnen blieb nur der Anblick der Leichentücher und die Stille der Gräber und dann die Heimkehr – nicht nur zum Einerlei des täglichen Lebens, sondern auch zu dem elenden Zweikampf mit den ermüdenden Stimmen, die in ihr ausgehöhltes Inneres drangen und flüsterten: »So ist das nun! Wo bist du hingekommen? Erzähl uns jetzt etwas von deinem Glauben! Was hast du falsch gemacht?«

Das Entscheidende war, daß für eine gewisse Zeit ihre Erfahrung mit Gott auf dem Nullpunkt angekommen war. Für uns wird diese Zeitspanne vielleicht um ein Vielfaches länger. Und es bringt uns wenig Trost, wenn man uns sagt, daß der Unterschied z.B. zwischen Maria und Marta oder den Emmaus-Jüngern und uns nur ein quantitativer ist. »Sie mußten vier Tage warten. (Ihr müßt vielleicht ein Jahr warten oder fünf oder siebzig.) Ob das soviel ausmacht?« Das wäre, wie wenn man einem Menschen auf der Folterbank sagt, daß zwischen seinen Schmerzen und meinen Hühneraugen doch nur ein quantitativer Unterschied sei. Gerade die Quantität ist ja der Unterschied! Und doch gibt es einen Ansatzpunkt der Hilfe für uns in dieser Geschichte, die wir die Erfahrung von Maria und Marta und den Emmaus-Jüngern machen und nicht die der Witwe von Nain und Jairus, nämlich daß zum Weg des Gläubigen auch das Erleben des endgültigen Todes dazugehören kann. Das scheint ein Teil des geistlichen Musters zu sein. Und es wird wohl kaum jemand die Behauptung aufrechterhalten wollen, daß in diesen Fällen der Tod auf ein Versagen im Glaubensleben der Betroffenen zurückzuführen ist.

Außerdem kann man auch folgendes beobachten: daß nämlich gerade den Menschen mit einer stärkeren »Glaubenskraft«, wenn man es von außen her so bezeichnen darf, diese »Abwesenheit« Gottes zugemutet wird. Jesus z.B. schien geistlich so unangreifbar zu sein, daß er es darauf ankommen lassen konnte, den Zuschauern in der Menge seine Autorität zu beweisen. Aber sehen wir uns doch nur seinen Jüngerkreis an. Johannes der Täufer kam nicht aus dem Gefängnis heraus – er wurde enthauptet. Jakobus wurde ebenfalls im Gefängnis getötet. Und die Mutter Jesu selbst wurde nicht davor geschont, ihren Sohn gefoltert und sterben zu sehen. Keine Engellegionen traten auf, um das zu verhindern. Und da war doch auch Hiob! Und Paulus – der eine Heilungsgabe für andere besaß, so daß man sogar Tücher, die er berührt hatte, auf Kranke legte und ihnen Heilwirkung zuschrieb. Doch merkwürdigerweise blieb sein Gebet für sich selbst »unbeantwortet«, d.h. nicht erhört. Er mußte sich mit seinem »Pfahl im Fleisch« durchs Leben schlagen, was auch immer das bedeutete. Was heißt das für die Beantwortung unserer Probleme?

Da gibt es noch mehr zu bedenken. Wenden wir uns wieder der Offenbarung Gottes in der Bibel zu. Es sieht so aus, als ob in seiner Ökonomie nichts verloren geht. Nichts verschwindet einfach. Kein Sperling fällt ohne sein Wissen (und, wie sich denken läßt, ohne daß es ihn kümmert) vom Dach. Alle Haare auf eines Menschen Haupt sind gezählt. Ich höre im Geist schon die Einwände: »Das ist doch nur eine Metapher! Es ist doch nicht buchstäblich gemeint.« »Eine Metapher für was?« könnte man da fragen. Wird dadurch ausgedrückt, daß Gott sich nicht um uns kümmert?

Und so beginnen wir, über all unsere Gebete und schlaflosen Nächte und Fastenzeiten und Verzichte und über die Gottesdienste und die Sakramente der Kirche nachzudenken – über alles, was um des Leidenden willen unternommen worden und zum Thron Gottes emporgestiegen ist. Es hat sich alles in Nichts aufgelöst, wie kein Spatz und kein Haar es jemals getan hat. Was sollen wir nun davon denken? Was heißt das für uns?

Irgendwie haben wir den Eindruck, daß da etwas nicht stimmt. Daß kein Sinn dahintersteckt. Wir haben doch gebetet – mit mehr oder weniger Glauben. Wir prüften unser Inneres. Wir fasteten, wir salbten den Kranken mit Öl und legten ihm die Hände auf. Wir wachten bei ihm. Und nichts geschah!

Geschah wirklich nichts? Welche Perspektive haben wir, wenn wir das sagen? War es nicht in der biblischen Schau solcher Dinge immer wieder so, daß eine Geschichte erst zu Ende kommen mußte, bevor man etwas dazu sagen konnte?

War das nicht im Hause des Lazarus in Betanien auch der Fall? Und ebenso bei den beiden Jüngern auf dem Weg nach Emmaus? Und gilt nicht auch im Hinblick auf die Gesamtgeschichte, die Gott mit den Menschen macht, daß sie erst zu Ende kommen muß, bevor man den Plan Gottes völlig erkennt? Und genau das ist es, auf das die Glaubenden aller Zeiten von jeher gewartet haben. Angesichts von Leiden und bangem Warten, von Durchhaltenmüssen und Verlust und Tod – was hat es den Glaubenden durch die Jahrtausende hindurch möglich gemacht, das alles zu ertragen?

War es nicht die Hoffnung auf die Erlösung? Ist sie nicht der große Schlußakt der Geschichte – und all der kleinen Einzelschicksale des Herumwanderns in »Schaf- und Ziegenfellen?« Gilt das nicht auch für die ganze Geschichte der Schöpfung, die ja selbst »seufzt und auf die Erlösung wartet«? Wird dieses Ende nicht immer wieder als »Herrlichkeit« bezeichnet? Und hat dieser Schlußakt nicht zur Folge, daß alles neu gemacht werden soll, was einmal falsch gelaufen ist, was einmal ruiniert wurde? Wird es nicht ein Finden all dessen geben, was einmal verloren ging im Lauf der Ereignisse und ein Enthüllen aller Geheimnisse in Freude und Glanz?

Ein Finden alles dessen, was verloren ging? Die Sperlinge und die Bitten und die Tränen und die Nachtwachen und die Fastenzeiten? Ja, alle Gebete, alle Tränen, alle Verzichte.

»Aber wo sind sie jetzt? Das Leben ist aus und vorbei. Der Mensch, um den es uns ging, ist tot. Alle Anstrengungen haben nichts genützt.«

Haben sie wirklich nichts ausgelöst? Woher wissen wir, was Gott in seinem großen Schatzhaus angesammelt hat während dieser Zeit, um es einst an jenem Tag zur Schau zu stellen? Wie können wir wissen, ob nicht dieser Tod zusammen mit unseren Tränen und Gebeten und dem Fasten dann plötzlich auf atemberaubende Weise in seinem Zusammenhang offenbar wird – vor allen Gläubigen, vor Engeln und Erzengeln, vor Königen, Witwen und Propheten – wie Edelsteine in einer prachtvollen Ausstellung? Sprechen wir doch nicht mehr von *ver-*

lorenen Dingen. Sagen wir lieber, daß sie für uns verborgen sind, daß sie sorgsam aufgehoben und unter die Geheimnisse der göttlichen Rätsel eingereiht wurden, damit sie verwandelt und vervielfacht würden, wie alles andere, das Menschen dem Herrn je opferten: Brot und Fische, Scherflein oder Brot und Wein. Sie werden einst zurückgegeben werden an uns und an diejenigen, für die wir gewacht und gebetet haben – in der Gegenwart von Menschen und Engeln. Und das wird in Herrlichkeit und Freude geschehen. Das ist uns während unseres bangen Wachens nicht vorstellbar, so wenig wie einer Schmetterlingspuppe die goldenen Flügel, die sie später einmal haben wird.

Die Frage mag uns kommen, wie das wohl vor sich geht. Aber wissen wir denn, wie Erlösung vor sich geht?

(Thomas Howard ist College-Professor und Autor verschiedener Bücher wie »Christ the Tiger«, »Splendor in the Ordinary« u.a.)

Elisabeth Elliot
Eine harte Liebe
Zwischen Reinheit und Leidenschaft

Gb., 160 S., Nr. 71.603, DM 19,80, ISBN 3-7751-1304-5

Fünf Jahre dauert es, bis Jim Elliot das Ja von Gott erhält, seine Elisabeth zu heiraten. Fünf Jahre Warten – eine harte Liebe. Trotzdem ist ihre Geschichte nicht trostlos. Die Autorin schildert, wie Gott Menschen wachsen läßt, die sich ihm anvertrauen, wie er sich ihnen in Einsamkeit und Sehnsucht offenbart und ihren Mangel ausfüllt. Die ehrlichen Antworten sind aus eigenem Erleben und einem tiefen Verständnis von Gottes Wahrheiten.

Elisabeth Elliot
Ich sehne mich nach dir
Einsamkeit und Geborgenheit

Gb., 168 S., Nr. 71.604, DM 24,80, ISBN 3-7751-1458-0

Jeder Mensch kennt die Sehnsucht nach einem Partner und Gegenüber. Auch der Autorin ist dieser Begriff kein Fremdwort. Als Witwe hat sie erfahren, was Einsamkeit bedeutet, und weiß aus zahlreichen Briefen und Gesprächen um die Gefühle und Probleme anderer einsamer Menschen. In diesem Buch möchte sie den Leser ermutigen, sich gerade in schweren Tagen nach Christus auszustrecken und in ihm Geborgenheit zu finden.

Bitte fragen Sie in Ihrer Buchhandlung nach diesen Büchern!
Oder schreiben Sie an den Hänssler-Verlag, Postfach 1220,
7303 Neuhausen-Stuttgart.

hänssler

Dorothy A. Galde
Um Trost war mir sehr bange

Tb., ca. 160 S., Nr. 56.845, DM 14,80, ISBN 3-7751-1493-9

Die Autorin schildert ihr bewegtes Leben, in dem sie trotz schwerer Schicksalsschläge an der Verheißung von Römer 8,28, daß denen, die Gott lieben, alle Dinge zum Besten dienen, festhält. Nachdem sie ihren ersten Mann verliert, nimmt sie Arbeit in der Kantine ihres ehemaligen Colleges an und bringt es bis zur Geschäftsführerin eines CVJM-Hotelrestaurants. Eine Lähmung der Beine bringt den nächsten Rückschlag. Sie kann die Lähmung in hartem Bewegungstraining überwinden, doch schwere Unfälle und ein Wirbelsäulenschaden ihres Sohnes sind weitere Prüfungen. Ein Buch für all diejenigen, die trotz Leid und Beschwerden nicht an der Gegenwart Gottes zweifeln wollen.

Bitte fragen Sie in Ihrer Buchhandlung nach diesem Buch!
Oder schreiben Sie an den Hänssler-Verlag, Postfach 1220, 7303 Neuhausen-Stuttgart.